# O PODER da ESPIRITUALIDADE

# O poder da espiritualidade



1-3-15-12.000

Direção editorial: **Flávio Machado**
Coordenadora editorial: **Erika Alonso**
Capa: **Traço & Compasso Estúdio**
Imagem da capa: **Chesterf | iStock.**
Projeto gráfico e editoração: **Traço & Compasso Estúdio**
Produtor gráfico: **Vitor Alcalde L. Machado**
Preparação: **Maria Aiko Nishijima**
Revisão: **Erika Alonso**
Impressão: **Mark Press Brasil Indústria Gráfica Ltda.**

**Ficha catalográfica elaborada por**
**Lucilene Bernardes Longo – CRB-8/2082**

Sanches, William.
O poder da espiritualidade / William Sanches. – São Paulo: Petit, 2015.
200 p.

**ISBN: 978-85-7253-291-4**

1. Espiritismo 2. Experiência de quase morte 3. Fatos verídicos 4. Biografia 5. Transformação interior I. Título.

CDD: 133.9



**Impresso no Brasil, no outono de 2015.**

# William Sanches

# O PODER da ESPIRITUALIDADE

Para quem tem coragem de transformar medo em desafio, talento em conquista e a vida em uma grande união com Deus

petit editora

Rua Atuaí, 389 – Vila Esperança/Penha
CEP 03646-000 – São Paulo – SP
Fone: (0xx11) 2684-6000

www.petit.com.br | petit@petit.com.br

CONFORME NOVO ACORDO ORTOGRÁFICO

**Dedico este livro** *à minha linda avó* **Josefa Carvalhal Sanches**, *que, mesmo não sabendo ler nem escrever, me contou muitas histórias vividas por ela.*

Ensinou-me grandes lições por meio do amor, que me fizeram aprender que a vida simples, amorosa e dedicada a Deus é que vale a pena ser vivida de verdade.

Sei que ela, aos seus 93 anos, jamais fará a leitura destas linhas como você e eu, mas não importa. De tudo, o que fica mesmo é o amor, e este ela receberá, tenho certeza.

## Quero fazer um agradecimento à:

Aline Barros Lucas

Regina Maria Moura

Mariana Liz Soares Moura da Silva

Joana Eunice Macedo

Sheila S. de Moura Garcia

Meninas iluminadas que sempre me acompanham dedicando talento, atenção e amor. Essa é a prova de que o Universo vai juntando pessoas afins. Sou muito feliz e agradecido a isso.

Aproveito para agradecer também a duas pessoas muito especiais que chegaram há pouco, mas que já são parte dessa história:

Edna Sganzela Contini

Rinaldo Sganzela

# Sumário

# Introdução

**Sempre admirei os corajosos.** Aqueles que, em uma palestra ou sala de aula, levantam a mão quando todos se encolhem na cadeira com medo de serem escolhidos, os que sempre dizem: "eu vou lá", "deixe comigo".

A impressão que tenho é de que os olhos dos corajosos brilham diferentes.

Comecei a ler e a estudar muito sobre esse tema. Foi quando descobri que coragem não era ausência de medo e sim o enfrentamento dele. Então percebi que todos aqueles que se destacavam como corajosos, desde a antiguidade até os grandes líderes mundiais modernos, também sentiam medo.

Sim, medo! Não o medo que prende, que pune, que deixa de realizar, mas aquele frio na barriga que apressa a vontade de conseguir o intento, porque uma vez atingido o objetivo o medo não tem espaço para existir.

Com este livro me reencontro comigo. Voltei ao meu eu interior e resgato a minha essência. Mais do que isso, consigo ver momentos em que precisei usar da coragem para transformar o que precisava ser transformado e descobrir na minha vida um grande poder, e é isto que quero lhe apresentar:

## CORAGEM...

Qual o seu significado, origem, segredo? Afinal, este livro é só para quem a tem, mesmo que esquecida, ou adormecida.

Interessante mesmo é descobrir que **coragem** origina-se do latim *coraticum*, derivado de COR, ou seja "coração". Isso porque, na antiguidade, esse órgão era considerado a sede da coragem. Ela habita no coração, isto é, ser corajoso significa viver com o **coração**.

Os fracos e apreensivos vivem com a cabeça, com seu raciocínio lógico e planejado. São pessoas que vivem receosas, criam em torno de si uma insegurança.

Na vida de um grande líder, seja ele em qualquer momento ou ocasião, existem coisas que são inadmissíveis, pois então não seriam líderes, entre elas a falta de coragem, a resistência para mudanças e o medo do que virá. Ninguém sabe o que virá. Muitas escolhas, por mais racionais que sejam, poderão trazer resultados nem sempre esperados.

E quais resultados você quer?

O cargo de líder de si mesmo não admite falta de coragem. Para assumir qualquer posição no mundo é preciso antes assumir a si próprio.

O novo não chega se você não possui coragem de inovar, a vida não muda se seus pensamentos são tomados pelo pessimismo, você não brilha se não avançar naquilo que mais deseja. Pior: ninguém prospera se não faz o que gosta. A abundância não frequenta sua vida sem antes você abrir sua mente para o que mais anseia.

Numa cabeça em que o medo predomina, o sonho perde o espaço e, pior, não há como realizá-lo, pois para realizar um sonho é preciso aceitar o desafio da novidade.

Este é um livro de ideias, projetos, sonhos...

*O poder da espiritualidade* é, na realidade, um livro de reencontros e transformações.

Tudo o que está escondido em seu íntimo pode ser tocado a qualquer momento desde que você leia sem prejulgar, sem rotular, sem tentar caracterizar.

É um livro para ser sentido; muito mais do que as palavras, são as energias que saem do papel para dentro de você, é a alquimia da junção das palavras que criam energias; quanto mais verdadeiras forem as palavras, mais poder têm.

Tocando exatamente naquilo que você mais precisa neste momento, mas você precisa estar aberto para isso. Algo íntimo, que só você sabe que precisa mudar, transformar.

Faça a leitura e veja o que existe aqui para **você**. Não julgue, apenas sinta.

Vamos, vire a página, mas abra antes seu coração. Ele está cheio de **cor**, de vida, de vontades, de **coragem**. Mas espere um pouco: buscar o que está dentro não é para qualquer um, é só **para quem tem coragem**. Que você sinta o Poder, o verdadeiro Poder dentro de você.

*Boa leitura!*

**Boas descobertas!**

*William Sanches*

# As lições que a vida nos dá

"Aprendi que a coragem não é a ausência do medo, mas o triunfo sobre ele. O homem corajoso não é aquele que não sente medo, mas o que conquista esse medo."

Nelson Mandela
*Long walk to freedom*, 1995.

# Abra os olhos de verdade

**Era maio,** véspera do dia das mães. Ao deitar, lembro que eu estava muito, mas muito cansado... com uma gripe absurda, muita dor no corpo, febre alta.

Estava em meio a tantos trabalhos e compromissos que não me dei conta de que havia emagrecido quase dez quilos, estava me alimentando mal, dormindo muito pouco e trabalhando muito.

Em meu íntimo, algo reclamava; de vez em quando, eu parava um pouco, sentia uma angústia, "um vazio", uma falta de algo que eu nunca soube o que era, uma saudade sem saber do quê, mas um sentimento de vazio me completava, se é que o vazio completa alguém.

Ao me deitar, tomei um remédio qualquer contra gripe, desses famosos que prometem curar tudo.

Não era só véspera do dia das mães, deitei-me para uma das maiores mudanças da minha vida.

Durante a noite acordei com muitas dores nas costas, canseira, passando muito mal, com febre. Tive vontade de ir ao banheiro.

Não consegui chegar lá e tentei voltar para a cama. Não deu tempo. Cai no chão e fui socorrido por minha mãe, que mora comigo e ouviu de seu quarto minha queda.

Eu havia infartado.

Sim, com apenas 30 anos tive um infarto.

Fui socorrido e permaneci por mais de sete dias na UTI de um hospital em São Paulo.

Ao longo da semana, os médicos identificaram que eu havia, na verdade, contraído uma gripe chamada H1N1. E que, associada ao meu cansaço, estresse, alimentação precária, sedentarismo e tantos outros abandonos ao meu corpo, o vírus conseguiu tomar conta atacando todo o meu sistema muscular, inclusive artérias importantes do coração. Não foi apenas uma coisa, foram várias que desencadearam meu afastamento por quase um mês.

Isso tudo não muda uma vida, o que muda é o que vou lhe contar agora.

Quando "apaguei", pude perceber dentro de mim uma tristeza absurda. Senti uma falta de amor por mim gritando. Eu estava deprimido, sorria por fora e chorava por dentro. Quando "mergulhei" em mim e percebi essa tristeza, não queria mais voltar.

Não tinha motivos para voltar.

Revi toda a minha vida e achei sem sentido continuar. Por mais que trabalhasse muito, eu ainda não tinha encontrado minha missão. Muitas pessoas gostavam de mim, mas eu mesmo ainda não havia me amado o suficiente.

"Voltar para quê?" – Essa foi a pergunta que fiz para mim mesmo.

Naquele torpor, meio inconsciente eu me questionava. Não queria voltar.

Senti uma forte dor no pulso, acordei por um instante. Eram os médicos realizando um dos exames mais doloridos que já fiz. Eles furam para ver a pressão das artérias.

Nesse momento, quando acordei, vi minha mãe saindo pela porta, amparada por enfermeiros e chorando muito. "Que belo presente dei a ela no dia das mães", pensei.

Em silêncio e deitado, sem poder me mexer por causa dos aparelhos que me prendiam, pelos tubos respiratórios, naquela cama, percebi que eu tinha medo de morrer, sim.

Tudo se passa repentinamente diante dos olhos.

A porta se fechou, fiquei sozinho no quarto. Os médicos trabalhavam, mas eu mal podia ouvi-los. Estava em um transe, não sei explicar. Era como se estivesse fora do corpo, em espírito, olhando para mim mesmo e questionando tudo o que eu havia vivido até aquele momento... Vi o quanto somos sozinhos.

Minha profissão me permitiu muitas experiências interessantes nesta vida. Primeiro, como professor, palestrante, comunicador de rádio, apresentador de TV, escritor...

Foram tantos olhares, tantas pessoas que reencontrei, tantas tarefas especiais que desempenhei com gosto... Sempre estive cercado de muitas pessoas, em alguns momentos, até de milhares delas.

Já tive a oportunidade de proferir conferência para sete ou oito mil pessoas, de falar no rádio com os maiores índices de audiência, mas foi no silêncio de um quarto de UTI que senti a fragilidade da vida.

*Na cama, me calei.*

Senti o quanto tudo é superficial diante da possibilidade da morte do corpo.

Sentimo-nos sempre fortes, todos nós achamos que vamos envelhecer, que temos toda a vida pela frente, mas não! A morte do corpo pode acontecer a qualquer momento para qualquer um.

Foi nessa hora, em que vi minha mãe saindo, que senti que eu não poderia partir.

Senti uma força absurda e, entre ir e ficar, desistir ou lutar, uma escolha precisava ser feita, eu sentia isso o tempo todo.

Aos 30 anos, um infarto costuma ser fatal. São poucas as chances. Ainda mais, frágil como estava o meu organismo.

Pedi a Deus uma oportunidade. Ele me deu.

Deus me permitiu ficar.

Recuperei-me bem e retomei a minha vida normal. Bem, ela nunca mais foi normal. Pelo menos não do jeito que eu achava ser normal.

Acho que quem experimenta a sensação de morte, seja por causa de uma doença, de um assalto, de um acidente, ou por qualquer outro motivo, se tiver um pouquinho de sensibilidade, jamais permanece da mesma forma.

Nas semanas seguintes, quando eu já conseguia andar, fui até a janela do quarto.

Fazia tempo que eu só via médicos ou enfermeiros e queria ver outras pessoas que não fossem apenas os profissionais do hospital.

Olhei pela janela e vi lá embaixo as pessoas caminhando na calçada, o trânsito, os **ônibus cheios, gente entrando e saindo do hospital.**

Silenciei a minha mente por alguns momentos e consegui ouvir o meu interior.

Percebi, então, que o problema de saúde pelo qual estava passando não fora o momento de perguntar a Deus "por quê?", mas sim "para quê?".

Eu precisava saber para que aquilo havia me acontecido, ou seja, para que eu precisava passar por tudo aquilo?

Sei que Deus fala conosco o tempo inteiro.

Sei que Deus jamais abandona um filho.

Lembrei-me de uma passagem muito bonita, que está em Jeremias 1:4-5: "Te conheci ainda antes que você nascesse...".

# Eu tenho fé

**Sempre tive.**

Retornei à minha cama ainda muito debilitado. A gripe aliada ao problema no coração me deixou sem forças físicas, eu mal conseguia ir ao banheiro e me cansava demais.

Foi na força espiritual que me agarrei.

Foi nessa cena descrita agora muito rapidamente que fui tocado de verdade.

Eu precisava sair dali, me recuperar e reescrever a minha vida o mais breve possível, fazer dessa interrupção um novo começo.

Afinal, Deus havia me dado mais uma chance. Aliás, Ele nos dá sempre, sinto apenas que não conseguimos perceber isso. Às vezes, é preciso um "chacoalhão" para acordar de verdade.

# Eu falei e Ele me ouviu

Eu pedi e Ele me atendeu.

*Sempre tive fé,* mas nunca havia prestado tanta atenção nisso. Sempre havia lido ou estudado algo sobre espiritualidade e nesse recomeço de vida é que me reergui.

*Gandhi* disse certa vez: "A primeira qualidade do caminho espiritual é a **coragem**. O mundo parece ameaçador e perigoso para os covardes. Estes procuram a segurança mentirosa de uma vida sem grandes desafios e armam-se até os dentes para defender aquilo que julgam possuir. Os covardes acabam construindo as grades da própria prisão".

**Coragem** é justamente a confiança que possuímos em momentos de temor ou em situações muito difíceis. É aquilo que nos faz viver, ultrapassando as barreiras do medo. É a força invisível para combater momentos sombrios, desconhecidos e que todo mundo teme durante a vida.

*Platão* relaciona a **coragem** com razão e dor. Para o filósofo grego, **coragem** é o uso da razão. É o pé no chão, é a necessidade, é a certeza. É tudo o que vale a pena ser transformado. É a coerência consigo mesmo.

Tem coisa mais agradável do que ser coerente com si mesmo? A vida, então, precisa nos dar lições para que possamos fazer uma auto-observação do que fazer? Para nos obrigar a agir?

Aprendi que nós, os seres humanos, somos diferentes dos outros animais justamente porque conseguimos com inteligência nos bloquear quando se fala em coragem, ou seja, a **coragem** no ser humano está sujeita às suas crenças de acordo com seu sonho, com sua receita básica de uma vida idealizada, **mas idealizada por quem?**

**Cuidado, a sua alma reclama quando você vai por outros caminhos.**

# Todo poder vem de dentro

É a sua voz interior que se manifesta no corpo físico. Seu corpo está dizendo algo para você agora.

Meu ser interior, a minha essência, reclamava comigo mesmo. O vazio, as gripes, as dores no corpo, as tristezas aparentemente sem motivos...

Quando saí do hospital, comecei a reescrever a minha vida. Descobri a oportunidade que Deus já me dava todos os dias. Eu que não via. Descobri o que me fazia infeliz e comecei a me organizar para não fazer mais. Precisei demais da coragem para aprender a falar não, para me respeitar, para dizer aos outros que eu não estava feliz quando realmente não estava e que, além de profissional, era um ser humano.

O mais especial foi o toque espiritual que tive.

Muitos valores em mim foram trocados. Quantas coisas a que eu dava valor e que, ao experimentar o momento de quase morte, perderam qualquer sentido. Transformar-me foi uma das coisas mais bonitas que senti e ainda sinto neste momento da minha existência.

Quantas pessoas chegam ao leito de morte e não possuem a chance de voltar e reescrever nada?

Mudei a minha vida! Hoje faço o que amo de verdade, reencontrei o amor da minha vida e mais que isso: me reencontrei.

A **coragem** demonstra uma grandeza de espírito. Com certeza, ter coragem de mudar e de assumir suas opções, ações e consequências não é para qualquer um.

Quase sempre essas escolhas encontram dificuldades esbarrando-se em nossos apegos, em nossos medos de perder algo, em crenças morais que caminham com nosso orgulho e criando fatos, cenas, situações e até mesmo expectativas que jamais existiram de verdade.

Dalai Lama escreveu em *O livro de dias*: "Determinação, coragem e autoconfiança são fatores decisivos para o sucesso. Não importa quais sejam os obstáculos e as dificuldades. Se estamos possuídos de uma inabalável determinação, conseguiremos superá-los. Independentemente das circunstâncias, devemos ser sempre humildes, recatados e despidos de orgulho".

# A nossa energia segue o fluxo do pensamento

A morte pode despertar diversos sentimentos, mas o mais marcante são o medo e a sensação de impotência. Diante dela se perde todo o ego e o orgulho.

Queremos sempre estar no controle, mas não percebemos que somos empurrados diversas vezes a fazer o que de fato não queremos.

O medo faz até com que não pensemos na morte, para não enfrentarmos a situação, e assim ficamos adiando a pensar nela, como se ela nunca fosse nos acontecer.

Mergulhamos em ocupações e até conversamos sobre a morte dos outros, mas não encaramos a nossa própria. Só quando ela chega ou quando bate à nossa porta é que de fato reavaliamos nossa história.

Nessa hora é preciso ver de verdade. Abrir os olhos para as lições que a vida está trazendo.

Separei as lições que considero mais importantes para transformarmos medo em desafio, talento em conquista e a vida em uma grande união com Deus.

# Algumas lições que aprendi

## #Lição1 – Coragem de estar com si mesmo

Jamais se abandonar. O caminho do coração é o caminho da coragem. É simplesmente deixar o passado para trás e deixar o futuro ser o futuro. E todas as vezes que eu falar do coração no livro, entenda como alma, essência, espírito, ou seja, o seu ser interior, Deus em você, enfim, tenha coragem e fique um pouco mais com você para sentir e perceber o seu amor.

Um fato muito importante é que o corajoso não é alguém que não tem medo, mas o indivíduo que não desiste em razão dele, que não interrompe a sua trajetória dessa forma.

A primeira lição envolve sensibilidade e humildade para perceber o que a vida está lhe dizendo. Isso irá ajudá-lo muito. Fazer uma parada antes que a vida pare você. A vida é perigosa mesmo. Por que tanta exigência com as certezas?

## #Lição2 – Abundância e prosperidade são um direito de quem não se acomoda

Fazer o que o faz infeliz não adianta muito. Ninguém prospera na vida fazendo o que não ama. Empurrar a situação com a barriga é uma das maiores tolices do ser humano. Ninguém empurra a própria vida; no máximo, está prolongando a sua dor. Não se acomode diante da sua própria história. Não se esqueça: você é o único autor dela.

Ter coragem de encerrar uma situação muitas vezes garante a abertura de novas oportunidades que estavam esperando o momento de chegar até você.

Nunca se feche para a sua vida com medo do futuro. Seu talento vale muito.

## #Lição3 – Ter coragem de se relacionar

Ninguém sabe o futuro, fazemos uma ideia, um plano, temos uma expectativa, mas saber ao certo, ninguém sabe. O medo mora no desconhecido. Então, é preciso explorar novos territórios permitindo-se conhecer novas pessoas e ter um novo amor se assim desejar.

É preciso aprender a assumir riscos. Viver é um risco tremendo. Como ninguém pode saber o que virá de fato, é preciso ter os pés no chão e a mente aberta para o novo. Talvez seja preciso mudar as rotas mais vezes ao longo da viagem.

Não se negue ao prazer de se relacionar. O outro é um Universo, assim como você. Ninguém é responsável pela felicidade de ninguém, mas a viagem fica mais prazerosa quando há trocas.

## #Lição4 – O poder da espiritualidade

Uma vida sem sentido é um dos maiores abismos que já experimentei e sempre deparo com pessoas vivendo assim. São pessoas sem brilho. Sem por quê nem para quê... Se posso lhe dar uma dica sobre o que aprendi é: dê um significado à sua vida o mais rápido possível.

Lembre-se da sua força interior. Ela precisa ter um rumo, uma meta. Sem isso todo esse poder fica sem saber para onde ir.

A sua vida não acaba com a morte do corpo físico, você é um ser eterno. Portanto, já está vivendo a eternidade. A vida é muito mais do que imaginamos.

Descobrir o poder da fé amplia seu olhar. Perceber-se como um ser de luz, e todos nós temos luz, faz com que o seu caminho tome uma nova força, que aqui chamo de poder.

## #Lição5 – Descobrir o seu segredo interior

Você cria a coragem, não são os outros que a colocam em você.

Imagine o final de uma Copa do Mundo. Dois países na final e empatados. O jogo será definido pelo último pênalti. Um chute, um jogador, um jogo, um time, duas nações na expectativa. A plateia pode aplaudir, a torcida pode vibrar, mas é o jogador que dá o toque na bola em direção ao gol. Ele pode ter medo de errar, medo de falhar no lance, medo de acertar na trave, medo de o técnico lhe dar bronca, medo de a imprensa falar mal dele, medo de decepcionar seus fãs...

Diversos medos permeiam o pensamento do jogador, mas ele precisa dar o chute. Ele precisa decidir. Ele precisa "criar coragem".

Não posso contratar alguém para fazer flexões para mim, não posso definir alguém para ir no meu lugar à academia para que eu emagreça ou ganhe músculos. *Eu* preciso ir.

Descubra o seu segredo interior. Decididamente, não posso fazer isso por você.

Crie a coragem nessa partida da vida que não espera apito para acontecer, nem para começar, nem para terminar.

Não fique esperando a chave certa para abrir a porta, a pessoa certa para ser feliz, o emprego ideal para o qual se dedicar. Quando descobrir o seu segredo interior, as coisas começarão a fluir para você.

Deus não faz por nós, faz por meio de nós – guarde essa lição com todas as outras.

*Se estiver a fim de mudanças e dicas ao seu coração, falarei a seguir mais sobre cada uma dessas lições que acabamos de ver.*

# Coragem de estar consigo mesmo

Para quem não se contenta e também para quem não se acomoda.

A nossa vida tem muito ainda para nos ensinar e com certeza ainda não aprendemos tudo.

> *Cada instante é marcado por novo aprendizado. A própria respiração tem sua marca: inspiração presente, expiração passado. Rápido assim. Simples assim também.*

O ar que entra já não é mais o mesmo que sai.

De tudo o que passamos, nada mais nos pertence a não ser a experiência, a maturidade que ficou – em grande ou em menor escala – mas só fica em nós aquilo que a consciência, o espírito agregou. Aliado à nossa emoção, tudo fica registrado em nós e o carregamos conosco.

Estamos numa das melhores épocas para se viver!

Durante muitos anos a Terra passou por momentos difíceis, em que tudo era proibido à maioria das pessoas e apenas a lei do mais forte era a que prevalecia. Hoje a busca de nossa essência nos faz ir além.

Por mais que tanto se reclame do governo, do emprego, da falta de dinheiro, enfim, as reclamações não nos prendem; por mais que elas existam, e existem mesmo, nada nem ninguém nos impede de aprender sempre um pouco mais e de descobrir coisas novas.

Existe alguém proibindo-o de algo? Então, comece a repensar como fará para mudar a sua vida. Não há ninguém o proibindo, mas algo o atrapalha diversas vezes? Reeduque-se.

Não há ninguém que não tenha algo novo a aprender, e um comportamento, um hábito pode ser mudado. Aliás, acredito sempre na **mudança**. Não existe nada de mais nobre do que se desprender e a cada mudança deixar fluir.

Para cada um é assim e para cada um as mudanças acontecem no tempo delas.

> *Muito se fala do tempo de Deus. Mas você já pensou no seu tempo?*

Tantas metáforas e fábulas já foram criadas para exemplificar a questão do tempo. Você, provavelmente, já ouviu diversas delas. Aqui tomo a liberdade de reescrever uma, que talvez você já conheça, mas gosto muito de usá-la porque ela exemplifica essa questão do tempo.

É a história de um homem que estava já havia um bom tempo observando uma borboleta que se esforçava para sair do casulo, que ela mesma criara para o seu tempo de incubação. Era um casulo em que ela se encerrara como lagarta e da qual renasceria como borboleta. Com muito sacrifício, ela conseguiu fazer um pequeno buraco, mas seu corpo era grande demais para passar por ali. Depois de muito tempo, pareceu que a borboleta tinha perdido as forças e não mais se mexia.

O homem, ali parado, ficou olhando preocupado, achando que a borboleta não conseguiria sair mesmo e resolveu ajudá-la. Com uma tesoura, abriu o restante do casulo libertando imediatamente a borboleta. Mas seu corpo estava murcho, torto, era pequeno e tinha as asas amassadas, quase que coladas ao corpo.

O homem continuou a observá-la, esperando que, a qualquer momento, suas asas se abririam e ela levantaria voo. Porém, nada!

A borboleta passou o resto da sua vida rastejando com um corpo murcho e asas encolhidas, incapaz de voar.

Aquele homem, que fora até gentil e atencioso em sua vontade de ajudar, não compreendeu que o casulo apertado e o esforço necessário à borboleta para que ela passasse pela pequena abertura eram o modo escolhido pela natureza para exercitá-la e fortalecer suas asas. Mais do que as forças, o buraco e o casulo, o importante era o tempo!

Diversas vezes, apenas um esforço nosso, extra, é justamente o que nos prepara para o próximo obstáculo a ser enfrentado.

> *Sei que você não se contenta. Por isso, analise o seu tempo. Não compare o seu tempo com o dos outros. Os outros têm a vida deles, o tempo deles, a natureza deles.*

Quem se recusa a fazer esse esforço próprio, ou quem recebe uma ajuda errada, quem tenta ultrapassar o tempo preciso termina sem condições de vencer a batalha seguinte e jamais consegue voar e cumprir o seu percurso, a sua missão.

Que bom que temos a liberdade de escolha e o tempo a nosso favor. E se prepare. Nada para logo ali, nada termina como numa linha de chegada. Terminou essa etapa? Outra se inicia, mas não se preocupe. Seu coração é corajoso. O coração está sempre pronto para enfrentar riscos.

## Pense um pouco...

- O novo não chega, se você não possui coragem de inovar.
- A vida não muda se o pessimismo é que toma conta de seus pensamentos.
- Você não brilha se não avançar naquilo que mais deseja.
- Pior, ninguém prospera se não faz o que gosta, e a abundância não frequenta sua vida sem antes você se abrir para o que a sua alma mais anseia.

A primeira coisa que percebi quando fui "retirado de campo" pelos problemas de saúde, foram as coisas de que eu não gostava de fazer, de que do fundo da alma já reclamava, mas insistia em fazer. A alma reclama, sim, ou você nunca sentiu aquele desejo profundo de não fazer algo e fez, de não ir a um lugar e teve de ir?

Exigimos muito do nosso eu.

O caminho do coração é o caminho da coragem. É simplesmente deixar o passado para trás e deixar o futuro ser o futuro. A vida é perigosa. Por que tanta exigência com as certezas?

A pessoa que está viva, realmente viva, não só existindo, sempre precisará enfrentar o novo e de novo quantas vezes forem necessárias com ou sem medo.

O perigo sempre estará presente, só que o coração já sabe disso, antes mesmo de você.

O coração nunca mede, rascunha, calcula, planeja. Ele sente e vive. Pense um pouco nisso tudo e responda: onde está a coragem em você?

# Atreva-se!

A vida precisa de um pouco de atrevimento!

Errado é você deixar de fazer alguma coisa com medo do que os outros vão pensar. Miguel de Cervantes tem uma frase que diz assim: "Quem perde seus bens perde muito; quem perde um amigo perde mais; mas quem perde a coragem perde tudo".

> *Só erra quem produz, quem recomeça sempre. Mas, só produz mesmo quem não tem medo de errar.*

Os animais, de certa forma, demonstram coragem principalmente devido aos seus instintos primitivos e pela necessidade de sobrevivência. Por exemplo, observe um pássaro que está aprendendo a voar sair de seu ninho. Ele não tem consciência, mas sente insegurança pelo novo;

a necessidade de sobrevivência é mais forte nele e assim surge a coragem.

Abraham Lincoln, ex-presidente dos Estados Unidos, usou a seguinte frase: “A minha maior preocupação não é saber se você falhou, mas, sim, se você se contenta com a falha”.

Gosto muito dessa frase. É forte, é atrevida! Mostra certa ousadia, mas também funciona como um empurrão.

Você se contenta com a falha?

Vai definhando porque falhou e se abandona sem ouvir o seu coração?

Prefere migrar para dentro do fracasso a ponto de jamais sair e persistir, mesmo que em outras etapas?

A natureza segue seu fluxo. Se você constrói o seu castelo de areia à beira do mar, em certo momento a maré sobe e o leva sem perguntar nada.

O mar faz o movimento dele, faz o que tem de fazer. Era você que precisava ter planejado melhor onde construir seu castelo. Não adianta gritar, esbravejar, as ondas do mar vêm e vão. Sem se importar com o seu castelo. É a lei da natureza.

*Quem se importa com o seu castelo?*

Respondo: você!

**Só você.**

Não coloque a culpa nos outros e em quem está à sua volta. Sua felicidade é sua responsabilidade.

Cuidar de você é de sua responsabilidade. Colocar essa responsabilidade nas mãos dos outros não garantirá nada a você. Muito pelo contrário. Só irá lhe trazer atraso e ilusão. E não demorará muito para ter desilusão. A culpa não foi do outro. Como na história do mar, quem construiu o castelo em lugar não seguro foi você.

Veja a arte do pintor. É algo admirável. Quando ele cria o quadro, faz uma perspectiva de como ele pensou na imagem. E assim ao olharmos a pintura com o rio, o Sol nascendo lá no fundo, aquela casinha lá no meio do morro, isso se chama perspectiva.

Como numa tela plana consigo ver com profundidade?

O que você está vendo da sua vida lá na frente?

Você está criando uma vida parada sem perspectiva?

É aquele modelo de vida plana, sem nada?

Aquela sensação de vazio, uma solidão no meio da multidão o invade às vezes?

> *Quero convidar você a pensar um pouco sobre o autoabandono, eu o convido a fazer uma autoanálise, como se você fosse outra pessoa observando aquele eu que, na maioria das vezes, nos diz coisas que não queremos ouvir, para as quais não queremos nos preparar.*

Se existisse "pecado", o autoabandono seria um dos maiores que cometemos, porque é um autocídio, quando você vai cometendo um suicídio automático. Por exemplo: quem fuma demais, bebe demais, come demais está se autossuicidando.

Quando me autoabandono, não cuido mais de mim, não cuido do meu corpo; estou fazendo, então, uma violência com o meu eu.

> *Tudo nos é dado como forma de liberdade, mas temos de usar o bom senso para utilizar essa liberdade; se tenho bom senso, vou cuidar de mim a partir disso.*

Você precisa aguçar a sua sensibilidade e a bondade de enxergar o que você precisa para se cuidar, para se transformar.

Se você está se autoabandonando significa que você não tem perspectiva nenhuma, demonstra que não se valoriza.

Meu objetivo aqui é acender um pontinho de luz aí dentro. Procure estudar mais sobre este assunto da alma, aprofunde-se sobre os assuntos e melhore os recursos que Deus lhe deu. É muito nobre estudar e se autoconhecer.

# Deus nos dá muitos recursos

E você precisa ter coragem para pensar em tudo isso. Você está vivendo padrões preestabelecidos por outras pessoas?

Cada pessoa é única; se você está com você mesmo, então não tem de entrar no padrão de outra pessoa, muito menos se comparar.

# Não crie etiquetas nem rótulos para você

Vejo mulheres que criam rótulos de esposa, de mãe, de professora, de advogada, de dona de casa; criam rótulos, tarjas explicando para ela e para os outros quem ela é, mas se esquecem de uma verdade: quem **realmente ela é**.

Existem mulheres que se voltam tanto à família que esquecem que dali a pouco os filhos crescem, se casam, se vão; o marido se aposenta, fica independente fazendo um monte de coisas somente dele e a mulher não consegue se ver como mulher e se autoabandona, porque estava vivendo para os outros somente, não estava vivendo para ela. Então, passa a achar a vida sem sentido, perde a alegria e se perde de si mesma ao longo da estrada.

# Você se perdeu pelo meio do caminho?

Retome e reinicie sempre que achar necessário. Quem o impede? Os rótulos? As pessoas de quem você "cuida"?

As missões mudam, as atividades se transformam. É só você se permitir e estar aberto às transformações.

O mundo continuará seu fluxo normal com ou sem você. As pessoas também; a única que vai perder esse fluxo é você.

Na janela do hospital, quando eu olhava as pessoas lá fora, era como se eu tivesse morrido e o mundo inteiro tivesse continuado sem mim. E era justamente isso que aconteceria. Fiquei fora durante um bom tempo. Quando voltei para a universidade em que trabalhava, acredite se quiser, poucos colegas haviam percebido a minha falta. Dentro da correria de suas vidas não tiveram tempo de perceber que um colega estava ausente.

Você continua preocupado com seus rótulos?

Coloca tudo na frente?

Tudo é mais importante do que você?

É claro que tenho de espalhar o amor, de cuidar dos outros, de fazer as minhas tarefas, mas jamais me autoabandonar.

Será que você está realmente a fim de mudar, de fazer alguma coisa diferente?

## Deus apresenta muitas coisas boas para nós, mas continuamos sofrendo!

Veja só, você tem um carro novo, mas fica sofrendo porque acha que vai bater, que não vai conseguir pagar as prestações, que vão roubar o seu carro, sofre com o seguro caro, com a documentação que não chega...

Percebe como se perturba fácil?

Você tem coisas boas, mas olha sempre pelo lado ruim. Mudar esse olhar é muito importante, pois o olhar do perdedor é o olhar de quem vive sofrendo.

> Deus lhe deu todos os recursos necessários para a sua vida, olhe para as coisas boas que você já tem e valorize-as! Eduque sua mente e o seu olhar para as coisas boas que Deus e a vida lhe trouxeram.

# Autoeducar-se para não se autoabandonar!

Não importa a idade que você tenha, conheço pessoas com 17 ou 20 anos que se abandonam...

Em contrapartida, conheço pessoas de 60 anos que estão lindas, se cuidando, passeando, viajando, enfim, se amando!

Reflita sobre isso!

Olhe para você e para a sua vida, a vida está aqui e é o que você vive aqui e agora!

O que tenho em mãos agora é o presente, é a única certeza que tenho agora. O passado já foi e o futuro não sabemos se vai chegar.

Chico Xavier com mais de 90 anos já havia escrito mais de 400 livros. Certa vez perguntaram para ele qual era o maior medo de sua vida. Ele respondeu que seu maior medo era desencarnar e descobrir que não havia trabalhado o suficiente.

Este é o meu oitavo livro; sei muito bem o trabalho que dá para escrever. E Chico Xavier?

Não preciso nem falar do trabalho que ele realizou; quantas pessoas atendia e ainda assim tinha medo de não ter feito o suficiente?

E você fica reclamando?

Fica olhando a vida e ainda acha tudo sem sentido?

Reclama que nenhuma roupa lhe serve, mas você não para de comer guloseimas e, em excesso; reclama que nada na sua vida acontece, mas não sai desse sofá! Lembre-se sempre de que o fluxo da sua vida é você!

> *É você quem tem de ir para a frente, é você que tem de evoluir, é você que tem de melhorar.*

O que faço de mim?

O que faço de mim mesmo?

O que você anda fazendo de você mesmo?

O autoabandono é algo terrível! Pessoas deixam de acreditar nelas mesmas e vão apenas abandonando não apenas os seus sonhos, mas principalmente abandonando a si mesmas, abandonando as pessoas que estão à sua volta, abandonando as possibilidades. Acomodam-se no emprego, nunca querem mudanças; acomodam-se na profissão, não querem evoluir. Então não fazem cursos de capacitação, de aperfeiçoamento. Não melhoram.

Você pode abandonar um sapato velho, uma roupa de que não gosta mais – aliás, não abandone nem isso, **doe** porque tem muita gente precisando.

Agora, você não tem como se doar se estiver se autoabandonando.

Você pode ajudar os outros, a família, a comunidade, mas para isso você precisa estar bem. Precisa cuidar de si mesmo para então doar, pois você vai ter de se carregar o resto da sua vida. O casamento eterno é com você mesmo.

> *Tudo muda, filho muda, marido muda, emprego muda, roupa muda, até a rua em que você mora já não é mais a mesma, já tem comércio, prédio novo, tudo se transformando.*

Você também se transforma, mas não pode fugir de você mesmo, porque é eterno com você.

Não se transforme em uma pessoa carregada, em uma pessoa complicada!

Não há nada mais triste do que uma pessoa que se abandona, que está sempre para baixo, negativa, como aquelas pessoas que sempre dizem que nada vai dar certo, e que, quando você conta alguma coisa, têm sempre algo pior para lhe contar.

Comece a rebater essas energias contrárias que vêm para você, não aceite esse autoabandono, coloque-se para a frente, para cima, porque você é um presente, é uma dádiva de Deus para o mundo, com todos os recursos necessários para evoluir. Não teria sentido nenhum Deus fazer alguém só para não ir para a frente.

E aí, você diz que há pessoas que obtêm as coisas mais facilmente, que nasceram em berço de ouro, e daí?

Conheço pessoas que não tinham muita coisa e avançaram e hoje estão em uma boa condição. Assim fica até mais prazeroso ver o quanto a pessoa cresceu, o quanto conseguiu atingir do que tanto desejava.

# Melhore positivamente o seu astral!

Vá para o bem!

Quando alguém chegar para lhe contar que está com um problemão, rebata!

Mande uma coisa boa, devolva luz!

**Não entre no barulho do mundo!**

Porque se você entrar em tudo o que os outros dizem, daqui a pouco já estará indo ao médico com depressão; você não vê graça maior em sair, não vê mais graça em pôr uma roupa nova, em cozinhar, na família, nos amigos... tudo o que eles acham graça para você não é mais divertido...

Cuidado! O seu olhar está triste?

Reveja o seu olhar.

Vemos o mundo como somos por dentro, não temos como ver o mundo de outra maneira que não seja pelo olhar que temos de nossa compreensão neste exato momento.

Vemos o mundo com os nossos olhos, o mundo com os olhos da alma, que é imortal.

# O mundo me coloca onde eu me coloco

Então, olhe para o mundo com entusiasmo, com alegria, com esperança, para que possa atrair tudo isso para a sua vida.

Não deixe a sua vida parecer aquele dominó que vai caindo uma pedrinha atrás da outra e você não faz nada para levantar; pelo contrário, só reclama! E quando reclama está dando passagem para o astral contrário, para as influências negativas entrarem na sua vida.

# Por que você acreditou que não era capaz?

Olhe para o mundo e se coloque com olhar de ganhador! Comece agora a mudar sua postura! Não é de uma hora para a outra. Portanto, tenha paciência ao mudar. Você passou tantos anos fazendo coisas erradas e agora vai mudar da noite para o dia?

Não! A transformação é gradual, então tenha paciência – e persistência!

# Olhe o poder que o seu coração tem!

> Ele não para nunca, ele recebe e doa o tempo todo para todo o corpo. Veja como você pode trazer para a sua vida esse exemplo, essa energia vital que o mantém.

Quando paramos, adoecemos, nos autodestruimos. Há muita gente vivendo como mortos-vivos: são aquelas pessoas que não vibram, que não sonham, que estão sempre seguindo a vida delas do mesmo jeito, da mesma maneira, com a vida toda estagnada, toda parada e afirmando ainda que Deus se esqueceu delas. Deus nunca esquece!

# A sua energia é vital!

> Fico pensando em como a seiva de uma árvore de mais de trinta metros de altura chega até as últimas folhinhas lá do alto.
>
> Como uma semente, ao ter contato com o solo e com a umidade, se transforma dando vida ao broto?
>
> Que PODER é esse que faz os seres vivos em geral crescerem, transformarem-se e existirem?
>
> É exatamente a essa energia vital que me refiro, essa energia que os seres vivos possuem.

Um corpo sem vida é um corpo sem energia vital.

As outras formas de energia, como a magnética, a elétrica, a nuclear são perceptíveis; a energia vital, não. É uma energia que não vemos, mas a possuímos.

Quando a nossa **energia vital** vibra harmonicamente como uma orquestra afinada, permanecemos em perfeito estado de saúde, ou seja, não se observam sinais e sintomas de descompasso no plano físico, emocional nem espiritual.

Quando a energia vital se desequilibra, começa a aparecer um conjunto de reações e sintomas, que na maioria das vezes são imperceptíveis se não pararmos para olhar mais atentamente.

Inicialmente, eles aparecem no nível da imaginação, povoam nosso campo da fantasia com sonhos desagradáveis, pensamentos negativos ou sensações desconfortáveis; a seguir surgem sintomas no nível emotivo-afetivo, com sintomas como medo, insegurança, ciúmes descabidos, desconfiança a todo momento, tristeza indefinida e por aí vai; a lista é imensa!

No corpo físico, nosso descompasso geralmente se manifesta com sintomas de cefaleia, dor de estômago, regime intestinal irregular, cistos, tumores...

## Pequenas atitudes que começam a transformar

A água é tão importante para a nossa vida que aproximadamente setenta por cento do nosso planeta é formado por essa substância, assim como o nosso corpo também o é.

Digamos que você não gosta de tomar água, mas sabe da importância vital dela em sua vida. É claro que você não precisa começar a tomar uma garrafa da noite para o dia, porque vai passar mal, o estômago não vai aceitar.

Comece então com um copinho; no outro dia, dois; no outro dia já leve uma garrafinha com você...

Vá aos poucos e, quando perceber, a água já estará fazendo parte do seu cotidiano, já será um hábito em sua vida.

Da mesma forma, vá trabalhando todo pensamento negativo que entrar na sua cabeça, devolvendo com um pensamento positivo. E vá praticando um pouco hoje, um pouco amanhã.

# Só por hoje

Os Alcoólicos Anônimos têm uma filosofia do "só por hoje". Trabalhe essa filosofia para você: só por hoje você não vai ficar triste, só por hoje você não vai desistir, só por hoje você não vai desanimar e só por hoje não vai se abandonar.

**Sempre quando algo ou alguém lhe disser que você não vai para a frente, que não vai evoluir, você diz:**

**Só por hoje eu serei feliz!**

**Só por hoje eu serei alegre!**

**Só por hoje eu serei entusiasta!**

Dessa forma estará resgatando o Deus que está em você, essa energia infinita que está dentro de você.

Quem tem Deus dentro de si não se esquece, não se abandona.

Autoabandono é não se amar.

Precisamos estar na arte do amor-próprio. Só recebe amor quem sabe dar amor.

Tudo no Universo é troca. É fazer o melhor e receber o melhor. O seu ser, no mais íntimo da alma, almeja o melhor.

Acredite mais em você porque Deus acredita e confia em você.

Tenho algumas dicas para aqueles momentos de fragilidade, quando você *percebe que precisa*, mas não sabe por onde começar a mudança.

*Aqui* destaco algumas coisas para você começar a fazer já, se realmente desejar mudar.

1. Pare de esperar pelo momento certo. O problema é que sempre pensamos que temos tempo para tudo. Grande ilusão... O momento certo não existe. O momento certo é o momento que sentimos que temos de fazer e pronto! Faça você o momento certo.

2. Guarde as máscaras que usa para impressionar os outros. É um desgaste absurdo ser quem você não é. Sua energia está se esgotando pelo canal errado. Se você vive se escondendo atrás de uma máscara, uma hora ou outra você se perderá de você mesmo e, de repente, não haverá

mais nada mesmo de você. Quem foge de sua essência, cria novos endereços, perde o contato com o divino. Você mudou tanto, criou tantas ilusões, que nem você se reconhece mais!

3. Não aceite o pior quando você merece o melhor. Sua postura precisa ser suficientemente forte para se desapegar do que precisa deixar ir, mas também inteligente o bastante para esperar o que você merece de verdade. Só não se acomode nem perca a fé. Diante das tempestades sentimos medo, mas às vezes a água precisa limpar suas vidraças para você voltar a ver com clareza o que antes não enxergava.

4. Não deixe que as pessoas escrevam seus sonhos por você. Uma grande descoberta é encontrar a si próprio e depois aprender a ser feliz com quem descobriu ser.

5. Pare de lutar contra as mudanças. Quem faz isso luta contra seu próprio crescimento. Não é preciso ir à cartomante para saber seu passado nem seu futuro. Se você quer entender o seu passado, analise o seu presente. Se quiser saber sobre o seu futuro, olhe para as suas atitudes agora. Deixe no passado o que passou, dê lugar ao novo para o novo de verdade.

6. Abrace a vida, mas sem apertar demais. Muitas vezes é preciso relaxar e deixar que a vida aconteça sem que você se preocupe tanto com cada detalhe. A vida tem o tempo dela para as coisas acontecerem.

7. Não se esqueça: a vida precisa de um pouco de atrevimento! Errado é você deixar de fazer alguma coisa com medo do que os outros vão pensar. Só erra quem produz, mas só produz mesmo quem não tem medo de errar.

8. Uma energia vital pulsa em você. Concentre-se nela toda vez que pensar que não é capaz. Jamais pronuncie a frase "pessoas como eu não foram feitas para vencer". Não existe fórmula de perdedor. Todos, indiscutivelmente, fomos feitos para a vitória. Use sempre a frase "Eu sou feito para vencer!"

9. Só por hoje procure ser um pouco mais feliz! A vida é um grande treinamento e estamos aprendendo. Ninguém chegou aqui com receitas nem manuais. Então, não se preocupe demais. Só por hoje... Não se esqueça disso.

10. Existem milhões e milhões de histórias, nenhuma como a sua. Dessa maneira, se a história de sua vida teve mais momentos tristes do que felizes, é hora de mudar. O melhor lugar para começar essa mudança é dentro de você. O melhor momento é quando você decide fazer isso.

Desafios acontecem e sempre irão acontecer. Quando os vencemos, percebemos nossa real força e capacidade interna.

A boa notícia é que o seu **poder** é como um músculo que, quanto mais você usa, mais forte se torna.

# Abundância e prosperidade são um direito de quem não se acomoda

Transborde-se!

Abundância, do latim *abundare,* significa "transbordar". Formado pelo prefixo *ab* ("para fora") e pelo verbo *undare* ("fluir", "ondular"), que por sua vez remete a *unda* ("onda").

## E não é verdade?

Veja como as águas do mar ondulam e transbordam em abundância...

Abra bem os olhos e os ouvidos neste momento, porque o mais bonito de tudo é quando você traz a abundância para a sua vida como um direito, e não como um prêmio.

Você está em um dos capítulos de que mais gosto.

Abra também o seu coração, para que possamos compreender juntos o que significa abundância e prosperidade.

Agora, traga para a sua mente o que você pensa sobre a abundância, faça uma imagem de algo abundante. O que você considera abundante?

Pode ser na natureza, em sua vida...

Pense em alguém que você conheça que seja abundante.

Percebe que, quando pedimos para pensar em algo ou alguém abundante, possivelmente você pensou em alguém que tem muito de alguma coisa, que tem algo de sobra?

Quando falamos em abundância geralmente pensamos somente no dinheiro, e abundância não é somente de dinheiro. É claro que ele é extremamente importante e falaremos bastante dele porque a prosperidade é a concretização da abundância, mas vamos pensar na abundância como sendo útil em todas as etapas, em todos os caminhos da nossa vida. Pode ser que ao escutar esta palavra – abundância – você crie uma certa resistência imaginando que não tem o direito de ser abundante, porque sua família é pobre ou porque vive com certa dificuldade, ou porque lhe disseram que você teria de viver assim a vida toda, que você não tinha talento, não tinha valor algum...

Enfim, muitas pessoas o puxaram para baixo até o momento e lhe disseram que você não alcançaria seus objetivos.

> *Não há problema algum no fato de as pessoas lhe dizerem que você não alcançará seus objetivos e metas. Isso é a cabeça delas. O pior de tudo isso é você acreditar que não alcançará.*

A abundância pode estar presente em todas as etapas da nossa vida!

Esqueça esse rótulo de que abundância é só o dinheiro, é só o material palpável.

# Abundância é enriquecer em todas as áreas da vida

O dinheiro vem para a nossa vida e ele é maravilhoso, valoroso, mas é algo criado pelo homem para que possamos ter um papel para trocar pelas coisas de que precisamos para viver; então, temos uma certa quantidade de dinheiro, vamos ao supermercado e trocamos por uma quantidade de produtos.

O papel pouco importa. É o valor que manda.

Não é assim?

# O valor que damos às coisas

A prosperidade chega para mim a partir do momento que abro caminho para a abundância na minha vida. Não me fecho para o que pode vir.

> *Não sei o que a vida vai me trazer, mas não fico parado esperando. Eu me movimento. O ser humano é todo movimento e natureza.*

Existem pessoas que têm muito dinheiro, mas muito mesmo, e muitas vezes estão tristes, depressivas, não conseguem encontrar alegria de viver.

E para começar a ser abundante não precisa marcar uma data no calendário, não precisa começar no primeiro dia do mês, você pode e deve começar hoje, agora!

# Para a abundância entrar na sua vida!

Abra sua mente. Dalai Lama em *O livro de dias* diz que "Nós nos acostumamos com facilidade à preguiça da mente, sobretudo porque muitas vezes essa preguiça se esconde sob a aparência de atividade: corremos de um lado para outro, fazemos cálculos e damos telefonemas. No entanto, tudo isso ocupa apenas os níveis mais toscos e elementares da mente. E oculta o que existe de essencial em nós".

Esteja preparado para que a abundância e a prosperidade entrem em sua vida em todos os aspectos. Para isso, você terá de avançar em algumas etapas da sua inteligência, da sua mente, descobrir novos conhecimentos e se preparar.

Nada vem pronto e, se vier e a essência não estiver preparada para isso, essa abundância se perderá muito rapidamente.

Algumas pessoas que ganham na loteria ou recebem uma herança recebem a prosperidade de um jeito mais "fácil" e, por incrível que pareça, 85% dessas pessoas perdem rapidamente a sua fortuna.

Não conseguem tratar com a verdadeira abundância a forma como recebem essa prosperidade.

Você consegue perceber a diferença entre prosperidade e abundância?

Uma está na forma; outra, na materialização.

Abundância é o meu comportamento, uma inteligência. Prosperidade é a materialização, o resultado.

Então, não adianta apenas ter dinheiro e não ser abundante; a prosperidade chega à vida porque estou trabalhando a abundância, e ela vem porque eu estou em todas as etapas da minha vida de uma maneira muito gostosa e sem as receitas prontas de que a minha família me disse ou de um colega que tenho que me comparar a ele. Eu estou no meu tempo.

# O seu tempo de abundância...

... é só seu.

Não significa estar no tempo de alguém que está na sua casa ou de alguém que está no seu trabalho. Você pode reparar que pessoas que trabalham na mesma empresa e que ganham o mesmo salário muitas vezes têm um carro zero, um carro bom, têm uma casa reformada, está sempre com uma roupa legal, fazendo uma viagem... e o outro, recebendo o mesmo salário, trabalhando na mesma empresa, não consegue nada, está com o carro todo quebrado, sempre reclamando que está endividado, ou sempre questiona por que o outro consegue as coisas e ele não...

Perceba que esses colegas de trabalho recebem o mesmo salário, estão na mesma cidade, no mesmo país, sob o mesmo governo, pagando os mesmos impostos...

Por que mesmo assim as pessoas conseguem fazer coisas completamente diferentes com seu dinheiro?

Onde está a mente da abundância?

### Embaixo do colchão?

Abundância para você é pegar o dinheiro e guardá-lo?

Colocar embaixo do colchão, no cofre, no banco?

Isso é abundância para você?

É claro que você precisa ter um planejamento com o seu dinheiro, guardar uma certa quantia para alguma emergência, claro! Mas o dinheiro é energia, o dinheiro é fluxo, simplesmente guardar e não usufruir não adianta. Sua casa está toda feia; os móveis, todos velhos; as panelas, todas amassadas e você está guardando todo o dinheiro?

### Qual o seu prazer em ter abundância?

Abundante você já é, agora precisa transformar essa abundância em prosperidade, em materialidade, em consequência, em conclusões, em prazer, em plenitude. Do latim *plenitudo*, que significa *"abundância, estado do que é cheio ou completo"*.

# Não confunda pobreza com humildade

Achar que você não pode ter suas coisas, seu carro novo, sua casa arrumada porque você precisa ser humilde é no mínimo uma confusão mental e social muito grande.

Tire isso da sua mente, não tem nada a ver com humildade! Há pessoas que ostentam, adoram mostrar o que têm, para que as pessoas vejam que elas têm dinheiro. Isso não é ser abundante, nem próspero, mas sim é ostentação.

# Quem é que faz ostentação?

Aquele que faz ostentação não é rico de verdade, pois este não faz... Rico mesmo, que sabe que é, não precisa mostrar aos outros.

Pessoas que falam que têm dinheiro, falam o tempo todo o que fazem, o que compram, na verdade, estão dizendo para elas mesmas, para que elas próprias acreditem no que elas têm.

Conheço pessoas milionárias extremamente simples, educadas, generosas. Também conheço algumas que mal conhecem o que é prosperidade, mas estão completamente endividadas em seus bancos porque compram o celular mais moderno, usam marcas caras de roupas e tênis para mostrar aos outros "que têm."

Isso é o que chamo de falsa prosperidade. Uma "prosperidade efervescente", que qualquer gota de água dissolve.

Basta voltar para casa, para o seu bairro, para a sua realidade, que a imagem vendida aos outros já não existe mais.

Essas pessoas precisam de abundância.

Precisam se conhecer, estar consigo, reorganizar suas prioridades e alcançar a verdadeira abundância da vida.

Nós já estamos com a abundância a partir do momento em que direcionamos a nossa energia, a nossa psique, a nossa cabeça para o próspero; porém, abundância está primeiro na cabeça, no pensamento, nas atitudes, no coração.

# É preciso ter coragem porque você vai se incomodar

A prosperidade é a parte que se vê da abundância; então, quando você prospera na vida, começa a ver os frutos da sua abundância, ou seja, o fluxo da sua vida, como coloca energia dentro de você, como coloca os pensamentos, as suas atitudes e começa então a seguir, a prosperar, é preciso ter muita coragem, porque você vai incomodar os outros que não vibram por você.

**E você tem coragem de ter uma mente abundante para atrair prosperidade?**

Saiba que você tem direito à prosperidade, como podemos ver em alguns países, que são extremamente prósperos.

Observe a cultura americana, por exemplo. Você pode pensar que talvez eles não tenham espiritualidade nenhuma. Porém, as pessoas confundem tudo, achando que é olhar para o céu e esperar que Deus derrame tudo em suas mãos. Isso não existe, você acha que Deus faz sem que você faça nada?

Ele faz por meio de você, dos seus atos e atitudes, do que você lê da vida, porque a vida fala com a gente o tempo todo, só que muitos não percebem.

Os americanos têm uma cultura próspera. Quem sai daqui para fazer compras nos Estados Unidos percebe que lá as casas são muito boas, os carros são bons, as estradas são as melhores. Lá funciona assim: as pessoas precisam ser prósperas, avançar. Pessoas assim são vistas como "os abençoados por Deus".

Aquele que se faz de vítima, de coitadinho, para quem tudo é sofrido, que só reclama da vida e das condições, esse sim é visto como "não abençoado".

# Será que não confundimos as coisas?

Agora observe a nossa cultura. Muitas pessoas aqui acham que o pobre, o sofrido, o que não tem nada, "esse é de Deus, porque ele é humilde e vai para o céu".

Olhe para o mundo em que estamos hoje. Quantas oportunidades e caminhos existem? O banquete que temos diariamente, e há pessoas "passando fome" porque não aproveitam o que a vida nos oferece, porque estão preocupadas com o que os outros vão dizer delas.

**São muitas coisas atrapalhando a sua prosperidade! Só que nada é pior que seus pensamentos negativos.**

Quando você começa a reformar alguma coisa em casa, ou a planejar a compra de um carro ou algo assim, você já se preocupa com o que os outros vão achar, se vão botar "olho gordo", porque somos alvo do olhar de outra pessoa, mas não precisamos nos incomodar com isso. Afinal de contas, a vida é sua e quem tem de se preocupar com a sua vida é só você mesmo.

> *Pare de dar audiência às pessoas que não sabem metade da sua história, do seu caminho, das suas batalhas.*

Traga o seu pensamento para a sua abundância, você pode e consegue avançar, no material e nos relacionamentos. A natureza é toda próspera e toda abundante.

Nesses últimos anos sofremos muito, em muitas cidades, em razão da falta de chuva e consequentemente da falta de água nos reservatórios.

Após tantos anos, pela primeira vez, muitas pessoas aprenderam a economizar. Algumas por se conscientizar, outras com medo das multas, mas aprenderam.

Podemos refletir que só passamos a cuidar de algo quando estamos prestes a perdê-lo ou às vezes quando já o perdemos.

Exemplifiquei com a questão da água para que você reflita que para tudo na vida precisamos ter um planejamento, e que, na abundância, temos também de aprender a usar as coisas que vêm para nós de forma que elas se transformem em prosperidade, por exemplo, a nossa saúde.

Temos uma saúde perfeita e não a usamos de maneira adequada, pois comemos de forma errada, exageramos na quantidade, bebemos demais, alguns fumam, muitas vezes não dormimos o suficiente, ou dormimos mal, trabalhamos em excesso...

# Tudo o que nos é dado, nos é ofertado em abundância por Deus

Com o passar do tempo, infelizmente, desprezamos isso, porque não aprendemos a usar o que nos é dado. Quando falamos de abundância falamos também em correr atrás das coisas, de buscar as coisas em nossa vida e não esperar que caiam do céu. Devemos acreditar no que fazemos, ter a ação, e, acima de tudo, valorizar aquilo que já possuímos, não deixar que tudo o que já temos escorra pelo ralo, que vá embora, porque depois, ao olharmos para trás, lembraremos de tudo o que tínhamos e ao qual não demos a atenção que merecia.

E nós vamos mudando, o nosso corpo vai mudando, tudo em nossa vida é abundante. O que você tem em sua vida que considera abundante? Olhe para você e responda a essa pergunta!

# Sua vida está em movimento ou estagnada?

A abundância é inerente àquele que tem movimento. Por exemplo, quando chove em nosso planeta e a água faz o movimento de molhar, de limpar, de refrescar, de trazer vida, as plantas recolhem o que é bom para elas; o excesso a terra se encarrega de levar embora, mas elas pegam o que é bom para elas.

Algumas até armazenam água. Você já viu aquelas árvores que guardam água no tronco?

O cacto também é assim, guarda água porque "sabe" que se faltar ou se não chover ele tem ali uma reserva.

Podemos aprender com a natureza e trabalhar nessa economia também.

> Aprendemos muito com a natureza, a sala de aula deveria ser no meio da natureza, de tanta coisa que ela tem a nos ensinar.

# Olhe para a sua vida e veja o que está abundante

Acontece uma série de problemas na vida da gente, um atrás do outro e não percebemos que é a vida gritando para mudarmos: mudar posturas, de trabalho, de círculo de amizades... a gente só reclama, mas não percebe o quanto estamos sendo chamados para a mudança. Olhe para a sua vida e veja o que está abundante. Qual lado da sua vida está abundante?

Algo na sua vida está travado?

Esse campo que está travando a sua vida pode ser algo preso desde a sua infância. Então é preciso olhar para dentro, para algo que aconteceu bem lá atrás e que não foi resolvido até este momento e continua travando a sua vida.

Vamos encontrar esse equilíbrio?

Uma mudança na rota pode ser a saída inteligente para o que não funciona. Mude e perceba se aquele lado começou a fluir melhor.

O seu desafio hoje é ver o lado que já está abundante e ver qual o lado que ainda precisa ser abundante.

# Abundância em nós!

Eu gostaria de convidá-lo a fazer um exercício neste momento, onde você estiver, ninguém precisa saber o que está fazendo.

> *Se puder ouvir uma música mais calma, isso auxilia no processo de interiorização... Se não puder, não há problema, olhe para você, que é o bem maior.*

A abundância já está em nós e vamos resgatá-la.

Preste atenção em sua respiração. Você está com uma respiração curtinha? Vamos fazer uma respiração um pouco mais longa...

Inspire o ar pelo nariz e vá enchendo os pulmões. Enquanto inspira, pense: "estou trazendo abundância para a minha vida" e crie uma imagem bonita da abundância em sua mente.

Agora solte o ar pela boca, bem solto, expulsando todo o ar que você puder, mentalizando que tudo o que não é bom está indo embora limpando o seu corpo, que está saindo tudo o que não lhe pertence, tudo o que **colocaram na sua cabeça**, todos os dogmas religiosos que impregnaram a sua cabeça, que você não podia vencer, que o fizeram confundir humildade com pobreza.

Você não é mais a mesma pessoa! Respire fundo, encha o seu pulmão e olhe que bonito, que gostoso perceber que você já está diferente. Perceba que o ar é abundante, a atmosfera é abundante e Deus está na atmosfera, está no ar à sua volta, no Universo e dentro do seu templo, que é o seu corpo. Deus está em nós, então encha o pulmão de ar e diga:

> *Deus está em mim, eu tenho o poder, a força, a sabedoria, a consciência para realizar!*

Respire!
Respire devagar e profundamente.
Inspire amor, expire e solte as amarras da mágoa.
Inspire saúde, expire o que lhe traz dor.
Inspire alegria, expire o que lhe traz tristeza.
Inspire sabedoria, expire o que é inútil pensar.
Inspire o hoje, expire o que já passou.
Inspire o novo, expire o velho.
Inspire paciência, expire angústia.
Repita sempre em suas inspirações e expirações:

> *Eu posso! Eu consigo!*
>
> *Eu tenho o poder sobre o meu corpo!*
>
> *Eu tenho o poder sobre os meus pensamentos. O que passou não importa, o que vai vir não importa, o que me preocupa não importa, a dificuldade não importa, o que importa de verdade é que estou aqui e agora respirando.*

Respire! E agradeça por cada respiração.

Abra o seu peito, abra o seu coração, permita que o ar percorra todas as células, emanando vida, luz e força para todas as suas células.

Respire bem fundo e perceba que você já está diferente, e ninguém do seu lado precisa saber, porque só você pode fazer isso por você, mais ninguém.

Perceba como o seu corpo responde a essa respiração mais consciente, os pulmões enchem-se de vida. Sinta como é gostoso, e você não tem medo, não tem medo de avançar, de evoluir. Não tenha medo de quem você foi ou de quem será daqui para a frente, acredite no aqui e agora.

# Sem parar no meio da estrada. Siga em frente!

Pare de ficar olhando para trás na sua história e pensar que não deveria ter feito algo, que parou no meio da estrada porque tinha uma curva e não avançou e não descobriu que depois da curva havia uma estrada maravilhosa para continuar...

Então siga em frente sim, continue mesmo que tenham curvas, obstáculos. Tem uma árvore caída no meio do caminho? Vou passar por cima e vou continuar.

Olhe um pedacinho da estrada depois da curva e veja como ela é longa, próspera com muita coisa para colher...

É uma estrada com árvores, com flores, com frutos, com saúde e com tanta coisa que Deus colocou na nossa vida! Respire fundo e perceba a paz que invade as células do seu corpo.

Para prosperar, para ser abundante você precisa largar todos os medos, os dogmas, o que os "outros" incutiram na sua cabeça até aqui e que o atrapalha.

# O coração fala com você o tempo todo

Cuide do seu coração.

Escute o seu coração.

Sinta o seu coração.

Escute-o, perceba as batidas, a sintonia que ele tem com todas as suas células; acolha com toda a bênção que carrega em seu ser o único órgão que dá e recebe o sangue para todo o seu corpo de forma harmônica.

Cuide bem do seu coração!

Aprenda a desvendá-lo e ele o levará a caminhos que você nunca experimentou. Cuide do seu corpo, ele é o seu templo. O corpo é o veículo que nos movimenta e nos leva para todos os lugares.

Quando compramos um carro, cuidamos muito bem dele, lavamos no melhor lugar, compramos acessórios para ele, abastecemos no melhor posto de gasolina para receber o melhor combustível, nós o deixamos sempre limpo e confortável.

E o seu corpo?

Você cuida bem dele?

Ele é o seu maior veículo, abasteça-o com o melhor combustível, *alimente-o*, limpe-o sempre, higienizando-o; mantenha bons pensamentos, mantenha o amor sempre vivo em seu coração.

Deus lhe deu esse corpo para que você, sua alma, sua essência, possa ir para todos os lugares e aprender.

# Cuide do seu templo

Se um ambiente ou uma pessoa está desequilibrando suas energias ou seus pensamentos bons, não entre nessa vibração. Acolha essa situação de maneira que consiga se proteger, mas sem se negar a auxiliar para que a situação melhore.

# Ame!

Olhe para o seu amor. O seu interior, não o exterior. Estamos falando de algo mais íntimo.

Ligue-se à sua essência, ao seu eu interior.

Quando nascemos, chegamos a este mundo puros e cheios do verdadeiro amor. Olhe para uma criança, veja o quanto ela nos ensina com o seu amor puro.

Ligue-se à sua criança interior, chame-a para a sua vida, e seu amor transbordará.

Acredite que o seu amor pode alcançar qualquer pessoa, sem julgamentos, sem esperar o que o outro vai pensar, ou se vai lhe retribuir porque não **importa**! O que importa é o que você tem de mais espetacular dentro de si.

Permita que esse amor transborde e seja doado a todas as pessoas. Exercite o perdão, pois aquele que consegue perdoar ao que se diz seu inimigo, alcançará o amor incondicional.

Alimente a sua alma com conteúdos positivos, ouça músicas bonitas, que acalmem o coração, assista a programas que vão incentivá-lo ao bem. Leia conteúdos que o estimulem a prosperar!

Ter mais contato com a natureza, as plantas, as cachoeiras, as árvores, o mar, os animais auxiliam na serenidade do nosso corpo e consequentemente do nosso espírito.

Só alcançamos a paz interior, o amor incondicional, a felicidade constante quando nos empenhamos em trazê-los efetivamente para a nossa vida.

# Permita-se!

Pequenas ações como essas praticadas diariamente, dispondo-se a deixar o amor entrar, acreditando no seu poder de atrair e manter a positividade dentro da sua alma o levarão a esse amor incondicional, conectando a sua essência ao amor vital, ao amor de Deus, ao Universo.

# Traga abundância para a sua vida!

Confie no que seu coração transmite sobre o que quer para a sua vida, seja na profissão, seja nos relacionamentos, na sua saúde, na família.

Dê valor aos seus bens, a tudo o que conquistou até aqui, mas não se deixe escravizar por eles.

Abundância é valorizar o que se tem, abrindo o seu espírito para receber mais, compartilhando e trocando o que não precisa mais, mas que o outro precisa.

# Doe!

Doe o que você não usa mais. Isso é movimento, é fluxo da abundância girando na sua vida.

Coloque-se no lugar de quem tem menos que você e ajude-o! Quando ajudamos o próximo também estamos atraindo a abundância para a nossa vida.

O amor humano é a energia que traz o reconhecimento da união com o outro, é a vibração material do ser.

Quando você descobre que não há diferença entre amar e ser, pode simplesmente liberar essa energia e se conectar com a sua própria essência.

Entenda que no amar não há perda de energia, o seu amor sempre fica na sua aura, assim pode oferecê-lo livremente.

Desse modo, o amor humano pode produzir a cura mais profunda de todas, pois quando reconheço que o outro me ama verdadeiramente, o que eu usufruo não é de sua energia, mas sim da minha própria, que é reconhecida ao ver o que desperta no outro. Aquele que nos ama espelha a sua própria maravilha.

E, desse modo, curo a mim mesmo sem perceber.

# Você já se sente na abundância?

O que é ter abundância atualmente?

> Abundância é estar aberto a todas as coisas que virão. Ser abundante é pensar grande, é saber que você tem uma postura de grandiosidade diante da vida; a abundância chega até você de várias maneiras: por meio da sua família, da sua relação afetiva, amorosa, da sua saúde, do seu trabalho que dá certo e flui.

Uma pessoa abundante não é só aquela que tem dinheiro. Conheço pessoas que têm dinheiro, que são prósperas, mas que não são abundantes, ou seja, elas não conseguem realizar, mesmo que tenham o dinheiro não têm o olhar para o que realmente querem na vida delas, estão perdidas. Possuem o material, mas não são completas. Não conseguem ser abundantes em áreas da vida que são essenciais, como o amor incondicional, a paz interior e tantas conquistas que nos tornam seres realizados. A lista é infinita, cada ser é único então não cabe a mim dizer a você o que o torna realizado e pleno; apenas o seu coração sabe.

Sabendo que tudo em nossa vida é uma direção de Deus em nós, é bonito pensar que Deus está em nossa direção, porque rompemos com aquela imagem de que Deus está longe de nós, ou é um Deus que pune, que castiga. Deus está dentro de nós, temos esse poder dentro de nós, somos criação Dele, fazemos parte deste mundo, somos consciência universal, somos espíritos ativos e, como nosso coração é maravilhoso, ele bate, ele é movimento. Isso significa que a vida tem de estar em movimentação senão ela estraga, como a água, que tem vida quando está em movimento e se estraga, apodrece, quando fica parada.

# Abra o leque de oportunidades em sua vida!

A ordem é: abra o leque de oportunidades da sua vida.

Dei aula em universidade por muitos anos e, em boa parte deles, no curso do Direito; lecionava toda a parte de comunicação, linguagem, retórica. Sempre gostei muito dessa área.

No primeiro dia de aula eu sempre perguntava aos meus alunos por que haviam escolhido fazer Direito e alguns me respondiam que era porque na empresa em que trabalhavam, se fizessem um curso superior, o salário seria melhor.

# Isso é pensar pequeno!

O curso, de cinco anos, permite ao aluno ser um advogado de sucesso, um promotor de justiça, juiz, delegado, procurador, montar um escritório, uma consultoria... a pessoa pode ser o que quiser dentro daquela área, e ela faz um curso focando apenas "no salário dentro da empresa em que trabalha".

O curso dura cinco anos. De repente, nesse tempo, a empresa nem exista mais!

Algumas pensam tão pequeno que não conseguem ver a oportunidade diante delas. Pensam tão pequeno, que subir de cargo na empresa já basta.

> *É preciso pensar grande. Pense grande! Sonhar com a Lua para pelo menos pisar nas estrelas.*

É claro que estou dando esse exemplo para que você perceba o quanto muitas vezes pensamos pequeno na vida. Deus é grande, pense grande; sonhar grande ou sonhar pequeno dá o mesmo trabalho, então sonhe grande mesmo!

Perceba que quando você abre o leque, abre o fluxo da sua vida, Deus lhe traz os recursos necessários, nunca na minha vida me faltou nada, porque na hora certa Deus trouxe os recursos necessários, por quê?

Porque eu me mexo, porque eu me movimento. Lembra-se da energia vital?

O movimento é o segredo da vida, ficar parado e esperar não vai adiantar nada, porque estamos nos transformando o tempo todo, e quantas vezes forem necessárias eu vou me mexer, porque a vida é esse ciclo.

Agora, se você sair desse emprego, você vai se bancar?

Você tem vergonha até de conhecer pessoas novas, então já pensa no trabalhão que vai lhe dar em mudar, porque vai ter de fazer amizade tudo de novo, se adaptar à nova rotina e aí já começa a ver defeito nessa empresa nova, que não tem a mesma coisa que tinha na antiga, e vai pensando pequeno, então, vai olhando para baixo.

Na vida, a gente tem de aprender com tudo, até com o medo. Você anda sentindo medo de umas coisas que não o estão deixando seguir em frente, abrir o seu leque para as oportunidades, cortando o fluxo da prosperidade.

Abandone essa ideia de ver o mal em tudo, o mal vê o portão fechado, o medo vê a porta fechada. Como é que o fluxo vai fluir se você já imagina tudo fechado?

Se você quer ver suas portas se abrirem de verdade, se você quer ver a sua vida prosperar, olhe para a frente, já imagine as portas se abrindo para você, levante a cabeça!

Não está feliz no emprego, em um relacionamento, em um curso?

Mude! Tenha a coragem de mudar, a mudança enobrece a vida de uma pessoa, porque percebemos quantas coisas podemos aprender com toda essa mudança.

# Deus está em você, como é que Ele vai esquecê-lo?

Desde que você não se esqueça... A abundância não vem para quem não se ama, e o amor é a ferramenta incondicional para quem quer prosperar, porque se você está esperando alguém aparecer na sua vida para então você amar e ser feliz, a abundância não vai chegar tão cedo.

Desejo ver você se amando e sendo feliz com você mesmo para assim se abrir para o amor do outro. O segredo é você se encontrar para que quando o amor chegar você não sobrecarregue o outro dando-lhe a responsabilidade de fazê-lo feliz.

Ninguém é obrigado a fazer você feliz; quem se faz feliz é você!

# Olhe para a sua vida...

... e não para a do outro; abra o peito para a sua vida, não se trave para o que a vida lhe oferece todos os dias.

Negocie – *Nego o ócio*; o que é ócio? É ficar parado, é estagnar. Negocie com a sua vida! Quem negocia traz a abundância para sua vida; resolva o seu problema na sua família, no seu trabalho, no seu relacionamento. Negocie!

Agradeça à vida, pois a abundância vem para quem tem gratidão, para quem agradece por tudo o que já tem. Agradeça a Deus pela oportunidade de buscar aquilo que ainda não tem, aquilo com que sonha; pelo caminho, a família, o trabalho, as pessoas que vão até você para lhe tirar a paciência, as pessoas que o incomodam... o mundo todo nos faz refletir, e refletindo sobre a abundância, ela chega até nós, porque abrimos os braços, não apenas para abraçar o próximo, mas para abraçar o mundo, porque o mundo é um banquete, a vida é um banquete, e nesse banquete não podemos passar fome, não podemos viver doentes ou tristes. Olhe para dentro de você e veja o que há ainda que o impede de prosperar, de ter abundância; respire fundo e traga essa energia para a sua vida, o seu eixo, a sua alma, a sua essência. Essa energia que só você pode trazer.

Tudo o que estou dizendo aqui não significa que temos de sair correndo desesperados atrás das coisas, muito pelo contrário. Se preciso, pare também. Pare apenas para desacelerar um pouco e analisar a sua vida quando achar oportuno. Às vezes, precisamos dar um passo atrás para recuperar as forças, analisar a situação e refletir sobre as próximas medidas a serem tomadas.

Desacelerar, longe de ser um sinal de fraqueza, pode ser um grande sinal de força e inteligência. Permita-se um tempo de reflexão e relaxamento. Ao contrário do que pode parecer, nem todas as decisões têm de ser tomadas imediatamente.

Só não se esqueça: seja abundante e próspero. **Não se acomode** e tome as atitudes em direção do caminho certo. Com certeza, o risco vale a pena.

# coragem de se relacionar

Quero alguém que me complete!

Então se ame.

Ame muito, com profundidade, verdadeiramente, que não seja preciso esperar ninguém chegar para fazê-lo feliz.

Você é a **única pessoa** neste mundo que pode completá-lo. Completo você então conhecerá alguém que irá compartilhar momentos com você – momentos de alegria, momentos de aprendizado, momentos de amadurecimento.

Não coloque essa responsabilidade nos ombros de ninguém. Isso não é um ato de amor. É no mínimo desamor. Quando há dependência, não há amor, há necessidade e isso não é bacana nem para você nem para o outro, que também está buscando a felicidade.

Ninguém gosta de ser dependente, porque a dependência mata a liberdade. É um fardo muito pesado esperar que o outro o faça feliz. Aliás, a outra pessoa nem tem essa responsabilidade toda nem precisa disso.

Você não acha?

# Seja leve

O relacionamento não é apenas uma cena perfeita de novela, mas são também cenas de emoção, drama, comédia e algumas vezes de decepções. Não porque o outro não fez, mas porque não atingiu nossas expectativas.

Frustramo-nos porque criamos expectativas demais.

Idealizamos e, dentro de nós mesmos, projetamos um filme. Um filme longo com todas as cenas de perfeição, da forma como gostaríamos que tudo fosse.

Em alguns casos, mal se conhece o outro, mas basta. Parece que dentro da nossa mente existem muitos rolos de filmes, porque criamos filmes de Hollywood.

Daí, quando nada se desenrola da forma que imaginamos, acontece a frustração. E não queremos mais a outra pessoa, mas não porque ela não serve, mas porque ela não atingiu o que imaginávamos que atingiria ou deveria ter feito.

Criamos modelos desde muito pequenos observando a sociedade e principalmente dentro de casa. Às vezes, quando era mais jovem, você dizia que jamais iria querer ser como seu pai ou sua mãe. Abominava a forma com que se relacionava com eles, e hoje se pega muitas vezes usando até as mesmas frases que ouviu de seus pais. Numa briga, numa discussão usa os mesmo argumentos que ouviu há tantos anos.

# Dê um tempo!

O tempo é nossa melhor companhia. Para tudo.

Observo muitas pessoas que terminam um relacionamento porque não conseguiram ficar por mais um tempo. Querem mudar o outro rapidamente.

Querem moldar a outra pessoa do seu jeito, ou seja, do jeito que elas consideram ser bacana. Cada um é único, uma essência, com seus desejos, com sua criação e descobertas, com sua vida em explosão e não pode ser mudado em poucos meses. Alguns exigem mudanças nas primeiras semanas de namoro. Ninguém muda trinta anos em três semanas. Aliás, acredito que ninguém muda ninguém, vamos mudando o tempo todo por meio de nossas percepções. Cabe sim, aceitar ou não o que o mundo está nos ensinando.

Aproveitar os ensinamentos é ótimo.

Aceitar regras para ficar junto já não é legal. "Fico com você se" e lá vem uma lista de regras e mudanças.

Será que estamos confundindo relacionamento com compras, em que entramos de loja em loja e escolhemos este ou o outro produto? Experimentamos, devolvemos, fazemos troca?

> *Se pudesse trocar VOCÊ, por quem você trocaria?*

Se você nunca pensou nisso é porque só pensa em mudar os outros, mas ainda não pensou em mudar-se de alguma forma? Claro que você não precisa se trocar por outra pessoa, mas procure perceber se não está repetindo o que já fizeram com você ou mesmo perto de você.

## Será que somos os mesmos?

Será que somos uma cópia daquilo que imaginamos ou somos uma cópia daquilo que nos fizeram ser? Pergunte, mas não para mim, pergunte a você.

Não conheço a sua história, mas você a conhece melhor do que ninguém; além de conhecer, sabe tudo o que se passa aí dentro.

> *Tem muita coisa escondida, tem muita mágoa para ser eliminada.*

Você não está deixando o novo chegar porque ainda não eliminou o velho. Não limpou as gavetas de roupas antigas, que não usa mais, para colocar as novas. As novas chegaram, mas você ainda mal as tirou das sacolas. Saiu às compras, mas não aproveitou o que trouxe para casa.

Está aguardando uma festa para usar as roupas novas que comprou?

A festa não chega, a moda passa, você engorda ou emagrece e as roupas não servem mais e você nem usou!

Tudo passou. Só você não percebeu que perdeu uma oportunidade de ser feliz.

## O ser feliz é já!

Por mais que se espere o momento certo, a pessoa certa, o lugar certo... Tudo é o certo. O lugar “certo” é esse que você idealizou e planejou aí dentro. E o que já está do lado de fora esperando-o para viver?

O que está do lado de fora esperando por você é o que você tem para ser feliz. Se estiver bem com você mesmo, com coragem para se relacionar não há porta que fique fechada.

## Abra as comportas...

... para a felicidade. Portas são pequenas, janelas são insignificantes. Felicidade é grande. É enorme! Abra agora as comportas da sua vida sem essas amarras antigas, que ninguém mais aguenta ver você vivenciando isso.

Você acha que ninguém percebe? Todo mundo o vê assim.

Uns em maior, outros em menor escala. Mas todo mundo percebe você. Há quantos anos está repetindo esse mesmo modelo de vida?

# Chega!

Está na hora de mudar. Aquelas gavetas cheias de roupas usadas, roupas que já têm a forma do seu corpo – quero dizer, a gaveta da sua vida está abarrotada de mesmice.

Ninguém, absolutamente ninguém, muda ninguém. Precisamos sim mudar a nós mesmos. Mudar e romper paradigmas embutidos em nosso ser, que não nos acrescentam nada!

# Vida boa é a minha!

Diga a você mesmo: vida boa é a minha. Não a do outro. O outro tem a vida que ele conseguiu conquistar, no tempo dele. Cada espírito atrai para si o que é dele de verdade.

Tudo o que for seu de verdade chegará até você.

Claro que, se você ficar no sofá, isso pode demorar mais de uma encarnação, de uma existência, e sei o quanto você tem pressa.

Então, movimente-se!

> *Coloque a sua vida em movimento. Movimentando-se, colocará a sua energia em ação, e o Universo conseguirá trazer o melhor até você.*

Parado, tudo estraga. Lembre-se do que eu já disse: até água parada perde a vida, estraga. A natureza não para. Podemos aprender isso sempre com a natureza.

Para se relacionar, é preciso coragem antes de tudo. Porque será preciso muito desprendimento, será preciso muita paciência e acima de tudo amor.

# Quando existe o amor...

... tudo parece adquirir uma força absurda. No mundo da rapidez tecnológica não podemos apressar o amor. Ele não se mede em gigabytes. Amor não se explica em velocidade wi-fi. Amor simplesmente é ele por excelência. Não precisa de medidas nem explicações.

# Quando o amor o tocar...

... você verá nesse momento como as coisas se acalmam. Quando o amor de outra pessoa chegar à sua vida, verá que você estava pronto para isso.

No começo, ele pode até assustar, pode lhe dar uma sensação de "estou me sentindo preso". É nada! Essa sensação é você com medo.

Fico triste quando escuto alguém dizendo "não vou me entregar porque já sofri demais". Nesse momento perde o prazer do novo, do recomeço, do amor.

*Não se pode criar a mesma receita com outros ingredientes. Portanto, se não quer a mesma receita... Mude!*

Não seja o mesmo ingrediente de sempre!

Se quiser realmente mudar algo, mude a você, não ao outro que chegou. Você faz tudo igual: fala as mesmas coisas, vai aos mesmos lugares de sempre, repete até os mesmos sonhos. Então não adiantou mudar de pessoa. Sua expectativa continuou a mesma. Sua receita de felicidade se repete.

Por quê?

Tem medo das novidades?

Tem medo de que as coisas fujam do seu controle?

# Medos, sim, eles existem em nós!

E não adianta dizer que você não tem. Você tem sim. Todos temos.

Tem medo até do que os outros vão dizer sobre o seu relacionamento. Tem medo se, e quando terminar, porque então terá de dar satisfação aos outros. Não é?

Isso! Vá em frente e continue assim, prendendo-se e prendendo a sua felicidade. Verá que Deus lhe deu tantas oportunidades para ser feliz, verá que a vida lhe trouxe tantas saídas, entradas, portas de emergência, escadas de incêndios, tudo para você mudar e sair da mesmice, mas não, você prefere ficar preso aos medos que lhe afligem a alma.

> *Tenha medo sim, mas de olhar para trás e ver que não aproveitou suas oportunidades na vida. Nada mais merece seu tempo.*

Relacionar-se significa que estamos sempre começando, sempre tentando nos tornar conhecidos de nós mesmos. Em todo relacionamento achamos que estamos aprendendo a lidar com o outro. Grande engano! Estamos conhecendo a nós mesmos. Enquanto investigamos o outro, fazemos o mesmo conosco sem perceber.

Aprofundando-nos no outro, nos aprofundamos em nós mesmos.

Será que esse medo de se relacionar novamente não é um medo de entrar para uma viagem interior?

Só por meio do outro nos tornamos conscientes de nosso próprio ser.

## Descubra você!

Será a viagem mais rica e magnífica que você poderá fazer nesta vida, e não espere a pessoa certa para amar. Simplesmente ame. Amando verá que o amor em você trará a pessoa certa e, quando ela chegar, você terá pela frente outro desafio: o desafio de harmonizar-se com ela. Mas perceba quanta coisa bonita desperta em seu coração nesse momento. Lembre-se: coragem vem de coração. De nada adianta ter coragem de fazer e acontecer se não tiver coração em tudo o que faz.

## O sonho de perfeição

Um grande problema nosso é criar um "esquemão" dentro da nossa cabeça. Esqueça o sonho da perfeição!

Aceite mais o que a vida trouxe e caminhe, siga adiante, porque se não aceitar a vida, vai continuar seguindo, as coisas vão continuar acontecendo, tudo vai continuar fluindo, independente de você aceitar ou não, e a tendência é ficar pior para você, porque você não acompanhou, você não deslanchou.

Aceite sem revolta e caminhe, caminhe sempre. Isso é espiritualidade, é a paz do que é, exatamente o que você está vivendo agora, é a paz que tem em mãos. E o que é que você faz com o que tem em mãos agora?

Isso não é para você se acomodar – de jeito nenhum –, é para você se transformar dentro daquilo que você está vivendo agora.

# O clima nutritivo é com você

Veja só, por exemplo, as pessoas de quem você gosta, até mesmo essas você quer mudar, mudar dentro do seu padrão mental, do que você idealizou, do que você criou, e elas têm de se encaixar exatamente como você imaginou. Mas é ao contrário, porque as pessoas são como conseguem ser, você é do jeito que consegue ser no seu momento evolutivo e, às vezes, o que fica é o momento do aprendizado de um para com o outro, porque dentro de um relacionamento ambos aprendem.

Já parou para pensar nisso?

Somos também aprendizado para a outra pessoa.

Sim, é claro que também aproveitamos para aprender, nos divertimos, amamos, mas temos de deixar o mundo caminhar, deixar as pessoas irem e assim a vida vai fazendo o ciclo dela e, por mais que tentamos impedir, isso de nada adianta, porque por mais que o tempo demore, ele cobra, e ele é implacável quando quer transformação.

Quando sentimos que temos de sair de um relacionamento e o outro não quer, mostre à pessoa, com doçura, que você está disposto à renovação, e que já está em uma nova caminhada.

É claro que as pessoas não adoram um **não**...

Então possivelmente o outro insista.

Quando você diz "não" aí é que as pessoas querem. O ser humano adora um "não".

A renovação ocorre o tempo todo, ninguém irá impedir a caminhada do seu sucesso, você tem a sua luz e ninguém pode impedir a sua luz, ninguém pode impedir a sua caminhada, porque quem não procura luz, vive na escuridão, e quem procura escuridão não deve ficar do seu lado.

Temos de ser responsáveis pelas mudança. É claro que dentro dessa mudança você pode propor uma mudança à outra pessoa, mas se o outro não quiser se transformar, não vai adiantar nada insistir.

Fui professor por muito tempo e eu percebia que quando o aluno não queria aprender não adiantava, pois lecionar e aprender é uma troca o tempo todo. Então eu propunha uma atividade, uma reflexão o tempo todo para fazer com que o aluno percebesse qual era a importância daquele aprendizado, mas se ele não queria, não adiantava. Acontece o mesmo na vida das pessoas.

Coloque ao seu lado só quem está disposto a somar e não quem está lá para atrapalhar a sua vida, o seu amor. Ao seu lado, você precisa ter pessoas que vão trazer coisas importantes para você.

Não adianta querer mudar as coisas que você não pode mudar, no amor, na paz e na tranquilidade que Deus lhe deu, e então você fica se perturbando; esteja mais ao seu lado, saia do caos que é essa vida que está vivendo.

# Feche agora o seu passado!

Abra o seu futuro. Abra o seu coração, permita-se de novo. Você sabe a que me refiro. Você ainda tem tantos momentos bons para viver! Permita-se um pouco mais.

Relacione-se com quem realmente goste e sinta-se amando, não mendigue amor, nem tenha medo de ficar só; valorize a sua companhia com você mesmo. Abra seu canal, frequente novos lugares, volte-se para novas pessoas, movimente suas energias!

Energia parada faz mal, energia parada não é abundante. Na natureza tudo é abundante porque tudo está em movimento: o mar, as plantas, as frutas, as flores.

O mar é o maior exemplo de respeito à natureza e ao limite. Perceba que o mar, com toda a sua imensidão e força, está sempre lá, indo com toda a sua força até um certo ponto e recuando depois, porque ele sabe o próprio limite. Aprenda com o mar.

Muitas vezes precisamos, mesmo que com toda a nossa força, respeitar os limites e retroceder, mas retroceder para ficarmos com nós mesmos. Observe o mar que recolhe água para ficar com ele mesmo, e ele não deixa de ser mar por isso, continua lá com toda a sua beleza e energia.

Isso também vale para outros tipos de relacionamentos: com amigos, colegas de trabalho, parentes...

Quem é que nunca teve um problema na relação familiar, ou simplesmente um desentendimento no sentido de se decepcionar com as pessoas? E até de decepcionarmos?

Como sempre digo: criamos muitas expectativas.

Quando criamos expectativas, às vezes a pessoa pode fazer menos, mas ela pode fazer mais. Normalmente, como temos uma cabeça rica para imaginar as coisas, criamos expectativas muito grandes e ficamos nos perguntando o quanto a pessoa nos ama. Sabe quando você pergunta para uma criança o quanto ela o ama e ela abre os braços e diz que é aquele tanto?

Crescemos acreditando que o amor cabe numa balança, e ficamos cobrando o outro, o que acaba gerando uma série de problemas em nossos relacionamentos.

Pense em como trabalhar essa paz dentro dos relacionamentos. Respeitando o espaço da outra pessoa também estamos trabalhando a nossa paz, também estaremos trabalhando a educação, pois a educação também passa pelo respeito, e a educação é transformadora.

Você quer ter um bom amigo?

Então, conserve aquele amigo que fala as coisas, que fala a verdade, porque pessoas para nos agradar existe um monte, mas precisamos nos cercar de pessoas em quem possamos confiar e que vão nos dizer a verdade.

Dizer coisas apenas para agradar é para quem é carente; quem é carente quer manter pessoas que só falam coisas para lhe agradar.

Não gostou de algo que o outro lhe falou?

Analise, filtre o que presta para você e jogue o resto fora!

Simples assim, pare de complicar as coisas!

Pare de ser melindrado, às vezes o outro não lhe desejou bom dia porque não quis ou porque está com a cabeça cheia com algum problema, e você passa o dia todo se melindrando com isso. E, então, já cria uma birra com aquela pessoa, começa a falar mal dela para os outros, fica nervoso com qualquer coisa que essa pessoa faça, chega em casa falando mal dela para todo mundo, cria até na sua casa um ambiente pesado por isso.

Percebe a quantidade de coisas que você atraiu para a sua vida por causa de uma situação que nem se esforçou para compreender?

Trabalhe fundo na sua educação. Você quer conhecer uma pessoa? Veja como ela trata o garçom, o porteiro do prédio, o manobrista. Desconfie de quem trata mal essas pessoas e o tratam bem.

Coloque-se no lugar do outro, faça ao outro o que gostaria que fosse feito a você.

> Uma das maiores lições que um grande educador chamado Jesus nos deixou foi "ame ao próximo como a ti mesmo". Nós somos natureza e devíamos aprender com a natureza, com as pessoas. Por que está tão difícil a convivência entre os seres humanos?

Muitas pessoas estão esquecendo que **gentileza gera gentileza**. Saia do seu mundinho e saiba conviver com os outros.

# O primeiro encontro de amor é com você!

Cada um de nós precisa aprender algo, alguma coisa e sempre temos o que aprender. Se você tiver um olhar de aluno e quiser aprender, você verá que a vida ensina coisas o tempo todo.

Como eu já disse anteriormente, em todos os momentos existe um recado importante. Quem aprende a ler, jamais esquece.

Seja com você ou nos seus relacionamentos, é preciso cuidar e valorizar o seu espaço, não se deixar invadir demais.

Como é que você se põe dentro de um relacionamento?

Já analisou sua postura diante dos outros?

Ou se ainda não tem um relacionamento, como você é com você mesmo?

Porque eu já disse: o primeiro encontro de amor de verdade, de paixão profunda tem de ser com você. Primeiro você precisa se amar, saber o que quer, para depois as coisas fluírem e chegarem até você.

Uma das leis da abundância é esta: nada chega de forma plena para quem não se valoriza.

Como chegar algo de valor para quem não se dá valor?

Não se preocupe em querer influenciar. Lembra do que falamos?

Dentro de um relacionamento, você quer mudar a outra pessoa, moldá-la do seu jeito, do jeito que você idealizou.

Porém, você não tem de mudar a outra pessoa, você tem de mudar a si mesmo, e então a outra pessoa percebe que você está diferente e vai se transformando, se ela quiser – claro.

Você sabia disso?

Que você pode transformar pessoas?

Mas não por meio de discursos, você pode passar a noite inteira falando, falando, dando palestras, *workshop*, dar até seminários, de tanto que você fala.

O outro já está com a cabeça tão treinada que quando você começa a falar, ele desliga o cérebro dele, sabe a chave geral da casa que você desliga e apaga tudo? Pois é, o outro faz isso com o cérebro, desliga-se. Igual a chave geral.

**Discurso não muda nada nem ninguém, são as atitudes que mudam.**

Pode reparar que as pessoas que estão buscando um relacionamento precisam, primeiro, ter um relacionamento muito bom com elas mesmas, e não sofrer antecipadamente, não se pré-ocupar, a palavra "preocupado" significa aquele que se ocupa antes do tempo, se ocupa desnecessariamente.

Você está com uma ansiedade tão absurda que sofre antes do tempo por tudo; está num grau de ansiedade tão grande para encontrar alguém, que acaba pegando qualquer pessoa que vê pela frente, só para dizer que tem, porque se for a uma festa, em que está todo mundo com namorada ou com namorado e você está só, você se sente mal, fora do comum. Mas qual é o problema?

Cada um tem o seu tempo, cada um tem a sua oportunidade, e cada um está aprendendo. A sua oportunidade e o seu momento também vão chegar, porque a vida ensina.

# O que a vida quer lhe ensinar hoje?

Da maneira como você está, da maneira que você está se colocando, da maneira que a sua vida está sendo conduzida, o que ela quer ensinar?

O que o seu corpo diz a você?

Lao-Tsé, um sábio da China Antiga – que viveu entre 570 a 490 a.C. –, deixou um pensamento interessante: "A alma não tem segredo que o comportamento não revele".

A vida nos dá uma série de oportunidades e desafios, uma lista de comunicados: é um relacionamento que termina, é outra pessoa que você conhece, ou o relacionamento não precisa nem terminar, mas o próprio relacionamento que já existe muda e lhe dá um desafio, uma oportunidade de fazer coisas diferentes... **e não adianta querer salvar o mundo, porque o mundo está caminhando com ou sem você**.

Quando você entra num relacionamento, diz que entra de cabeça, que vai fundo, que é assim e não muda?

Quer dizer, não é que você entra de cabeça, você perturba todo mundo, acha que para amar tem de sufocar. Cuidado para não confundir amor com posse.

# Até o amor em excesso cansa

O amor em excesso vai cansando o outro, ninguém aguenta isso! É nessa hora que você tem de ter parcimônia e perceber... será que o relacionamento não está querendo lhe dizer algo sobre isso?

Será que o relacionamento não está querendo lhe ensinar a ter paciência?

Há pessoas que dizem que querem viver uma paixão, que o sonho é viver aquelas paixões de novela.

Percebe como você é?

Vê tudo aquilo e acredita que vai acontecer também.

Já idealiza e compra e ideia. O que foge do padrão criado pelo seu ideal já não serve.

Será que se você vivesse aquela paixão da novela, você aceitaria? Será que você também não meteria os pés pelas mãos como o personagem da novela fez?

Como é que você se comporta diante disso?

Você está na realidade do mundo, mas não põe os seus pés no chão, vive no seu mundo, lá em cima, naquele mundo que só existe para você, não ouve nada porque não quer ouvir, porque não quer vir para a sua realidade, para o seu momento, para a sua vida.

Será que você não gosta da sua vida? Será que você não gosta de você?

Será que você não está gostando das coisas que você mesmo faz?

Quem quer consertar tanto o outro é porque também tem um monte de defeitos, pois na maioria das vezes vemos no outro aquilo que nos incomoda em nós mesmos e não percebemos.

Lógico!

Porque se eu não tenho aquilo, como é que vou enxergar?

Você tem de conhecer o outro da maneira que ele é, cada um tem a sua maneira, e o bonito do amor é respeitar o jeito do outro, a maneira do outro se portar diante de mim, porque não adianta querer um relacionamento com alguém para querer modelar aquela pessoa, porque cada um é do jeito que é, da forma que consegue ser.

Claro que para tudo há um limite, não podemos ficar passivos diante da agressão, da violência, não é isso o que estou falando. O que quero colocar é que cada um é como é; as pessoas têm o seu jeito particular de ser. Assim como o outro tem os seus defeitos, com certeza, também temos, e viver um relacionamento é aprender que cada um é o que é conforme o seu momento de aprendizado.

O problema é que montamos um esquema dentro da cabeça e queremos que todo mundo seja desse jeito, e, às vezes, somos tão carentes que queremos viver esse mundo que nós mesmos criamos.

> Diga para você mesmo: "Eu me amo, eu me quero, eu estou comigo, eu faço bem para mim!" O dia em que você passar a se enxergar com amor, a se ver com amor, você vai ver que as pessoas que estão ao seu lado vão respeitá-lo, amá-lo e passar a enxergá-lo.

Porque do jeito que as coisas estão, as pessoas nem o estão enxergando mais!

Você não se enxerga!

Você não se coloca, pelo contrário, se omite, se esconde!

A vida é uma escola maravilhosa, e a vida lhe trouxe uma aula, uma aula incrível. Mas você está sentado no fundo da sala, sem fazer nada, lá no seu canto dizendo que não vai fazer o exercício hoje. O que é que você precisa aprender com esta aula?

# Tenha um encontro com você

Hoje, arrume-se para você.

Tenha um momento só seu. Um encontro com você.

Há quanto tempo você não faz isso?

Um momento em que você se olha e se sente bem, que se olha e consegue se amar de verdade, que se olha e se cuida, que se olha e se reconhece.

**Quando você se olha no espelho, você de fato se reconhece?**

Osho, escritor indiano, mestre na arte da meditação, escreveu algo que adoro e sempre me faz pensar: "Se você tinha que ser um dançarino, a vida virá por aquela porta, porque ela pensa que você é um dançarino. Ela bate na porta, mas você não está lá; você é um bancário. E como a vida vai saber que você se tornou um bancário? Deus vem a você da maneira que Ele quer que você seja; Ele conhece apenas aquele endereço".

Você está num corpo que é um templo de Deus e precisa ser a pessoa que mais se ama e você precisa se cuidar, não deve ser um monstro de você mesmo, porque a vida muda para você se ativar, para você se renovar, para você se reconstruir. Não é *o que* se faz, é *como* se faz. Como você vai descobrir o melhor caminho a seguir se nem sequer para para se ouvir, orar, respirar...

Gabriel García Márquez, escritor e jornalista colombiano, tem uma frase que adoro e a uso muito: "Não é verdade que as pessoas param de perseguir os sonhos porque estão ficando velhas, elas estão ficando velhas porque pararam de perseguir os sonhos".

Tenha um relacionamento maravilhoso com você, porque tendo um encontro com você, o mundo inteiro terá mais possibilidade de amá-lo.

# O outro tem um espaço enorme dentro de você?

Em algum momento de reflexão, seja num festa em família, num tempo parado no trânsito ou mesmo naqueles minutos antes de dormir, já veio à sua mente a maneira como o outro influencia a sua vida?

Pode ser que você nunca tenha pensado nisso, e hoje faça uma reflexão sobre o tema. Talvez não teve esse pensamento, mas com certeza neste momento tem alguém pensando em você.

> E como será que os outros vibram quando você conta algo que irá fazer? Repare na vibração, na expressão, na torcida de quem o ouve constantemente.

Muitas vezes, gostamos tanto de alguém que não enxergamos ou não queremos enxergar que a vibração positiva não é tão boa assim. Dezenas de pessoas que você intitula de "amigo" podem não vibrar dentro do seu astral, ou seja, não vibram positivamente por você. Chamo de astral, aqui, aquela energia gostosa de quem chega alegre contando que será promovido ou que conseguirá tirar férias para fazer aquela viagem tão sonhada.

Você dá muita força para os outros, mas abre mão de você. Morre de medo de ser rejeitado, não ser aceito. Isso é vulnerabilidade.

Ser vulnerável não é somente ser fraco, mas ser para "baixo" com você mesmo, ou seja, coloca o outro sempre num pedestal e fica sempre embaixo. Pior: deixa de fazer e de realizar com medo dos outros.

Muitas vezes você precisa tanto da aprovação dos outros que, antes de realizar algo, o que faz? Conta tudo.

Conta que pretende trocar de carro, a viagem que está planejando, seus sonhos e, o pior, conta não só para uma pessoa, mas para várias energias diferentes. Troquei o termo "pessoas" por "várias energias diferentes" para você ter uma ideia do que acontece quando espalha suas ideias.

Suas ideias percorrem por várias energias que, na maioria das vezes, podem não ser as melhores, podem não ser aquelas que torcem por você, que fazem fluir a energia.

# O segredo das garças, dos gatos e dos bandidos

Já ouviu falar nesse segredo?

Um sábio indiano chamado Shantideva escreveu que "Garças, gatos e bandidos atingem seus objetivos seguindo em silêncio e sem serem observados. Tal qual a prática constante de um sábio".

Demorei para aprender e compreender isso. Doeu porque precisei aprender a me controlar. Eu sempre contava tudo o que iria fazer para muitos que considerava amigos. Com o tempo, aprendi que verdadeiros amigos contamos nos dedos de uma mão e que em todas as vezes que dava ouvido "aos outros" algo não fluía como eu esperava.

Com tudo isso, fui aprendendo a lidar comigo mesmo.

> *Quando você aprende e identifica o que deseja cultivar e o que deseja mudar, você aprende mais sobre você mesmo. Não existe receita, existe o tempo de cada um.*

Imagine uma grande embarcação da Grécia Antiga. O capitão está no comando e tem uma dúvida durante a navegação; ele tem a bússola, possui recursos, tem os aparelhos necessários para seguir viagem, mas, de repente, ele larga tudo e desce para perguntar para quem está remando no porão qual caminho seguir.

Por mais bem-intencionados que aqueles remadores pudessem ser, na maioria das vezes homens rudes, alguns escravos, eles não possuíam visão; por mais que fossem amigos do capitão, que respeitassem e curtissem seu trabalho, não podiam ter sabedoria, experiência, nem tampouco sensibilidade, pois nem sequer estavam vendo o caminho à frente, já que o porão do navio era fechado, havendo só buracos para os remos saírem e tocar a água, ou seja, aqueles homens trabalhavam muito, mas não possuíam visão, não sabiam para onde estavam impulsionando a embarcação.

> *Muitas vezes, você, em vez de ser capitão, está deixando que os outros assumam o comando para se fechar no porão do navio de sua vida.*

Assuma você o comando!

Não adianta vento bom, tripulação competente. A decisão de avançar é sua.

Nada, nem ninguém pode vencer por você.

A vitória é intransferível e um direito seu. E, lembre-se: a omissão e a inércia também são escolhas.

E agora, o que você decide fazer?

Aquele que se posiciona para mudar já tomou a postura de capitão, já possui dentro de si recursos necessários para seguir em frente. Sua bússola, sua luneta, nada mais são do que sua sensibilidade, sua alma que fala com você o tempo inteiro.

Se o capitão precisa de um auxílio, deve então perguntar a quem está em seu nível ou num nível acima e que possa auxiliá-lo; deve no mínimo recorrer a quem entende do assunto.

Creio que a melhor saída é aprender a lidar com as próprias energias. Esta é uma boa maneira de lidar e de se relacionar com o mundo.

Abrir o leque, contar tudo para os outros, postar nas redes sociais o que irá fazer – tudo isso pode não ter problema nenhum para você, mas experimente, pelo menos por um tempo, um método novo. O método de um sábio que guarda o que vai fazer; que espera, mas age; que vibra positivamente, mas não conta antes do tempo. O método do capitão que confia em sua bússola e não pergunta a quem não sabe.

# Vamos ver se algo muda?

Tenho certeza de que, pelo menos, muita coisa fluirá mais facilmente em sua vida. Escolha bem uma, no máximo duas pessoas de confiança para compartilhar, aja com uma boa dose de motivação na mente e siga seu plano com precisão.

**Estão fechando as portas e você ficou triste?**

**Não gaste suas forças nisso. Procure as janelas. Mas...**

**Se mesmo assim não der certo, procure outras saídas.**

**Não existe fracasso, existe você tentando abrir as portas erradas!**

# Ainda está esperando a sua vaga para fazer datilografia?

Se você nasceu depois de 1990 não deve se lembrar das inúmeras escolas de datilografia que existiam nas cidades. Na escola sempre passava alguém oferecendo um curso que mudaria sua vida profissional. Esse curso era o curso de datilografia.

Eu tinha colegas que faziam inveja para mim dizendo: "Já sei datilografar com as duas mãos!".

E o que aconteceu quando os computadores chegaram ao Brasil?

Muita gente disse que não usaria, e veja o que aconteceu: as escolas de datilografia foram extintas.

# Cresça para criar sonhos grandes

Ainda está esperando vaga em escola de datilografia enquanto o mundo conversa por mensagens instantâneas, de voz, de vídeos?

> *O mundo já tem muito perdedor, muita gente para reclamar, seja você a criação do grande, do novo, da mudança mental e comportamental de seu grupo, de sua família.*

Vá para a frente sempre. Siga adiante! John Lennon certa vez escreveu: "Quando fizeres algo nobre e belo e ninguém notar, não fique triste. Pois o Sol toda manhã faz um lindo espetáculo e, no entanto, a maioria da plateia ainda dorme...".

# Seja mais você!

Deus sabe o seu nome e o seu jeito, mas você abandonou a sua maneira natural de ser, se criou num personagem.

Ele segue batendo à sua porta. Deus conhece o seu endereço, mas você não mora mais lá.

Você permitiu que o mundo o transformasse de uma tal maneira que nem Deus o reconhece mais.

Por que esse medo todo de não ser aceito?

Cadê o seu espaço próprio? Está nas mãos dos outros?

Então a felicidade não chega mesmo para você. Ela só chegará quando você assumir a própria **vida**.

# Se precisar, fuja!

Se sentir que estão lhe interrompendo a natureza, fuja! Busque alternativas para sair dessa energia contrária a você. Oscar Wilde escreveu que "Todo o mundo sabe se compadecer do sofrimento de um amigo, mas é preciso ter uma alma realmente bonita para apreciar o sucesso de um amigo".

Repare na vibração de quem está ao seu lado. Muitas verdades que um dia impulsionaram pessoas, hoje já não funcionam mais. Fuja de pessoas que complicam demais a sua vida e torcem contra você.

# Mudanças e transformações

Ninguém no mundo está buscando a infelicidade, todos estamos buscando a felicidade de alguma maneira.

Para cada pessoa, a felicidade é de uma maneira. Para algumas pessoas, estar feliz é quando encontra um amor; para outra, é "se livrar daquele relacionamento que só a deixava infeliz".

Você não tem coragem de ser feliz, mesmo?

Por que você espera todo mundo ser feliz primeiro para você poder ser feliz depois?

Você nem se permite ser feliz, tem de estar todo mundo bem na sua casa, arrumado, feliz para você conseguir ficar em paz... Percebe como age errado?

Você acha que não tem o direito de ser feliz primeiro. Por exemplo, você é do tipo de pessoa que o marido ou esposa, os filhos, os amigos, os parentes, todos precisam ser felizes e só então você será. Quando todo mundo estiver bem, quando o seu filho terminar a faculdade, por exemplo, é que você vai poder fazer aquela viagem dos sonhos, vai conseguir fazer aquele curso que tanto quis a vida toda, mas só depois...

# Isso é felicidade empurrada!

Existe uma felicidade empurrada ainda pior. É aquela felicidade de quem vive no passado, pessoas que vivem ainda naqueles projetos que deram supercerto há tantos anos e ainda hoje se prendem nisso.

Tudo mudou. Quanto tempo passou e o mundo se transformou em algo que você insiste em não acompanhar.

Você poderia ter realizado tantos novos projetos como esse que deu certo, mas não realizou mais nada. Andar para trás não serve nem para pegar impulso; ande sempre para a frente!

# O fluxo da nossa vida precisa ser para a frente!

Não se prenda a projetos e pessoas do passado. Que carência é essa que não o deixa se desligar de algumas pessoas?

Mesmo que seja aquele amigo antigo, que é amigo desde a infância, que ótimo!

Ele já contribuiu muito para a sua vida, só que agora você precisa também conhecer outras pessoas, ter novas oportunidades, novos pensamentos, novas lições.

Não é para você abandonar seus amigos antigos, não é isso, mas reciclar o seu círculo de relacionamentos, renovar.

Você deve estar imaginando o porquê de eu estar escrevendo sobre isso, porque amizade é para a vida toda, e eu lhe digo mais: nada é para a vida toda, nem o amor é para a vida toda.

O amor que você tinha há trinta anos, quando casou, não é o mesmo amor que você tem hoje, mas não deixa de ser amor, porque você está junto, porque gosta, porque você amadureceu e o seu amor também.

É um amor que se transforma. E se até o amor se transforma, imagine você!

E a felicidade vai se transformando também! Há coisas das quais eu gostava antigamente e que hoje em dia não gosto mais; tem coisas que me faziam sentir bem, lugares a que eu adorava ir e hoje não gosto de ir mais; havia coisas que eu não gostava de comer e hoje eu gosto.

O paladar muda, o olhar muda. Tudo se renova e se ajusta.

Vamos experimentando coisas, e a vida é isso, essa transformação de um laboratório.

O grande erro do ser humano é não aceitar essas transformações – primeiro porque tem medo, segundo porque pensa que não vai dar certo.

Muitas pessoas querem construir as coisas com as mesmas pessoas. Querem retomar o ciclo que já se encerrou.

A cidade mudou, o mundo mudou, a tecnologia avançou; hoje com o telefone celular temos tudo em nossas mãos. Antigamente tínhamos de ir até um telefone público, o famoso "orelhão", colocar uma ficha para ligar para outra cidade e pedir para chamar a pessoa que ia até o orelhão para atendê-lo.

Hoje você observa as pessoas nos diversos lugares, e elas estão se comunicando pelo celular, e você percebe que cada pessoa está ali no seu Universo. Isso é para você pensar em como o mundo se transformou, como tudo mudou e você também mudou, não é mais o mesmo. A mudança é natural e vai acontecer, você querendo ou não.

Para toda ação há uma reação, disso já sabemos, mas o que você ainda não percebe é que toda escolha que se faz gera uma consequência.

Se ficarmos em casa deitados, o corpo vai começar a doer, ter câimbra e se incomodar. Então temos de nos mexer, fazer alguma coisa; o próprio corpo empurra, impulsiona, porque o ser humano, por ser um animal, precisa estar o tempo todo em movimentação; então nos movimentamos, nos transformamos, nos recriamos o tempo todo. Precisamos ser edições limitadas, reescritas, ampliadas, precisamos ser novas edições o tempo todo.

Você precisa se permitir ser o novo e deixar também as pessoas irem.

Muitas pessoas sofrem, muitos pais sofrem quando os filhos se vão, e isso também faz parte da tendência que temos de achar que a nossa felicidade está no outro. A felicidade está na liberdade e, às vezes, a felicidade é deixar o outro ir também.

## Não fique nessa carência

O tempo em que a outra pessoa ficou com você foram anos maravilhosos, mas eles acabaram, e serão agora recriados de outra maneira. Não fique nessa carência, as coisas vão se transformando.

E a partir de agora como você está?

Repare na mulher que é mãe, esposa... Quando faço um *workshop* ou palestra voltada para o publico feminino faço um exercício pedindo para elas se olharem como mulher, e muitas vezes elas têm dificuldade de separar a mãe, a esposa, dela mesma. E eu pergunto: quem é você?

Sempre me respondem: sou esposa, sou mãe, sou empresária, dona de casa...

Tire os rótulos e veja a mulher que tem dentro de você. Veja o homem que existe em você.

Quando você tira os rótulos quem é que fica?

Por que é que existe aquela síndrome do ninho vazio?

Porque quando os filhos se vão às vezes a mãe sofre muito. Sem coisas para fazer, ela sente falta até das brigas, das broncas que dava, porque não consegue direcionar o olhar para outra coisa. Na verdade, ela tem tantas possibilidades, tantas coisas boas para realizar... por exemplo, pode realizar um trabalho voluntário, trabalhar em prol de uma ONG, cuidar de pessoas que estejam precisando, voltar a trabalhar, voltar a fazer uma faculdade. Para isso tudo tem de ter coragem ou ela acha que está muito velha para voltar a estudar?

Lembre-se: aprendemos muito com as pessoas, não devemos apenas ler livros, devemos aprender a ler pessoas e a se ler, aprender a se permitir escutar e ouvir, ver e enxergar. Você pode pensar: "escutar eu escuto o ventilador, o carro lá fora...", mas saiba que o ouvir é um ato cognitivo, um ato muito grande, pois, para isso, é preciso digerir o que está sendo dito, ter ouvidos de ouvir!

Não fique só escutando, achando que nada na sua vida muda, você vai à igreja e não muda, vai à casa espírita e não muda, vai ao centro de umbanda e não muda nada na vida.

Não muda porque você não mudou. *Você* precisa ser a grande transformação!

O fluxo da sua vida é você!

E lhe pergunto uma coisa: em que banco da sua vida você está sentando?

A sua vida tem um banco, o banco de **perdedor** e outro de **ganhador**.

O banco de quem é só vítima, de quem apenas sofre é o do perdedor; mas você pode sentar naquele banco de quem faz de uma dificuldade uma grande mudança e uma grande saída para a própria vida.

Um banco chama-se pessimismo e outro, otimismo. Você escolhe onde vai sentar. Não tem lugar reservado.

O pessimista é aquele derrotado que antes de o combate se iniciar, antes de começar qualquer projeto, ele já pensa que tudo vai dar errado.

O perdedor pode ter uma casa cheia de coisas, mas não enxerga e não valoriza o que tem, está sempre dizendo que não tem nada e vive se endividando para comprar mais coisas.

O ganhador valoriza cada coisa que tem e quanto mais ele valoriza, mais coisas ele vai agregando. Isso é abundância.

Um incêndio nunca começa grande, sempre começa com alguma fagulha, uma faísca e, aos poucos, vai crescendo, aumentando.

As nossas reclamações são assim também, pode reparar que muitas vezes você começa reclamando de um filho, de uma situação pequena em casa, no trabalho, e a cada dia a reclamação aumenta, vai aumentando... E quando você menos espera sua vida já está um caos, em total desequilíbrio, você começa a pôr defeito em tudo, a reclamação passa a ser um hábito, esse é o incêndio da derrota!

O ganhador vê possibilidades: por exemplo quando quebra um liquidificador, ele pensa que então vai se organizar para comprar um novo, porque se quebrou era porque precisava ser trocado.

É um exemplo simples, mas que serve para tudo, para que você a partir de atitudes como essa traga prosperidade para a sua vida. Esse é o entusiasta.

# Quem mata o tempo é um suicida

Há uma frase de Millôr Fernandes da qual gosto muito, que dá um suporte para este exemplo: "Quem mata o tempo não é um assassino, quem mata o tempo é um suicida".

Você está sendo um suicida do seu próprio tempo?

Continua empurrando as coisas com a barriga, deixando-as para depois e ainda sentando no banquinho do pessimista reclamão?

Faça uma fagulha para o bem, deixe o incêndio crescer para a prosperidade.

As pessoas o veem como você se coloca. Como as pessoas o veem? É só você prestar atenção no modo como elas o tratam. Preste atenção e, então, não vai só conhecer sobre as outras pessoas, mas sobre si mesmo e é isso que queremos com essa proposta: é para você olhar para dentro de si.

Abra a mente para aprender a olhar para dentro de você. E não existe dia para isso, não espere a segunda-feira para começar algo, pois nem sabemos se estaremos vivos até lá! Estamos aqui só de passagem, nossa vida é uma grande metamorfose, e chega um momento em que precisamos passar por grandes mudanças.

A natureza também vai obrigá-lo a largar coisas para mudar, a vida vai obrigá-lo a morrer para nascer de novo. Como será isso? Não sei para você, mas para mim já aconteceu de várias formas.

Seja inteligente o bastante para ir além dos esquemas.

Algumas coisas tidas como certas, justas e corretas em uma época podem não ser mais em outras, ou seja, se transformaram.

Mulheres e negros já foram considerados seres sem alma. Parece absurdo para você?

Não faz muito tempo judeus eram tidos como inimigos de Deus.

Até hábitos de higiene já foram considerados como tentações perigosas para “não darem vazão às paixões da carne”. Hoje quem não é vaidoso está fora do mercado de trabalho e de tantos outros meios. Falo tudo isso para você se desprender dessas amarras que o prendem tanto.

Tem uma história interessante de Gandhi sobre um casal que foi procurá-lo dizendo que o filho deles comia muito açúcar e eles queriam que ele diminuísse, mas não sabiam mais o que fazer. Gandhi disse para que voltassem dali um mês e teria os ensinamentos, e os pais foram embora com o filho e certamente naquele mês ele deve ter comido muito açúcar ainda...

Passado um mês, os pais voltaram ansiosos para a resposta, dizendo que o filho ainda não havia parado de comer açúcar e eles não sabiam o que fazer.

Gandhi então se abaixa, olha nos olhos do menino e diz: "Filho, não coma tanto açúcar, o açúcar contém muita química e vai lhe fazer mal".

Levantou-se calmamente e os pais do menino não entenderam nada e questionaram Gandhi, pois esperaram um mês para ele dizer só aquilo para a criança?

Gandhi então olha para os dois e diz: "Porque há um mês, eu também comia açúcar..."

O que podemos aprender com isso?

O que cobramos no outro que nós também estamos fazendo?

Mahatma significa "alma grande" e é isso que devemos ser hoje, uma alma grande! Grandeza de enxergar o que precisa ser mudado.

# Como você vê?

Sabe que precisamos até discordar de algumas coisas de vez em quando?

> *Quando num relacionamento a pessoa nunca discorda de você, desconfie porque é bem provável que ela nem está prestando atenção ao que você está dizendo.*

Aceite e se acostume quando alguém não concordar com você. Discordar também é um ato de amor quando feito com sinceridade para o bem do outro.

Repare que tanto Gandhi, Madre Teresa de Calcutá e tantos outros mestres, eram mansos, serenos, mas não omissos!

Eles ensinavam, se posicionavam, falavam o que pensavam e sustentavam suas crenças e assim cresceram como seres humanos. Possuíam alma grande, uma alma próspera.

# Alma próspera!

Ser ambicioso não tem problema nenhum, porque o ambicioso vai atrás, batalha por suas coisas, faz acontecer. Ser ganancioso é que não é bom, porque o ganancioso prejudica o próximo para se dar bem.

Ganância é querer só para si a qualquer custo.

Aquele que quando vai a uma festa come muito além do que consegue porque não é ele quem está pagando; aquele que quando viaja pela empresa gasta além do que precisa de verdade porque não é ele quem está custeando a viagem – esses são gananciosos.

Olhe para o mundo com olhar de ganhador e não de ganancioso.

# O que você fez com isso?

Esta frase de Jean-Paul Sartre, filósofo e escritor francês, é sempre atual: "Não importa o que fizeram com você, mas sim o que você fez com isso".

É hora de ter coragem, e hoje você pode começar a ter coragem refletindo com esta frase: **Não importa o que fizeram com você, mas sim o que fez com o que fizeram com você**. Por que ficar guardando muita coisa – você guarda mágoa, má água, guarda uma água ruim – dentro do corpo?

Então, coloque para fora as coisas ruins que chegam para você. Quando alguém trouxer coisas negativas para você, não deixe isso entrar na sua vida, não entre na energia negativa do outro. Se às vezes alguém vier comentar com você que as coisas estão ruins, que o mundo está horrível e você concordar e disser que as coisas estão caras, e afirmar que na sua época o mundo era bom, as crianças eram mais educadas, e você ficar vivendo só as coisas da sua época, sua vida fica parecendo um museu.

Na porta do seu museu tem uma placa escrita assim: **Na minha época...** a sua época é agora!

Aquilo que você passou não existe mais! Pode existir na fotografia, na sua memória, nas coisas que você guarda...

# Corrija a rota e olhe para a frente!

Vá para uma caminhada nova, numa trilha nova, em um novo horizonte, mas você tem de parar de ficar guardando o que os outros lhe fizeram.

Se há uma coisa boa dentro de você, essa sim merece ficar. Coisas ruins não merecem espaço. Quando chegar alguma coisa ruim, coloque para fora!

O nosso país, mesmo com todas as dificuldades, nos dá muitas possibilidades de crescimento, há muitos países por aí em que as pessoas não têm nem a possibilidade de sonhar com um emprego.

Você tem muitas possibilidades de avançar, de prosperar na sua vida, mas tem de acreditar nisso, tem de pôr no lugar a prosperidade, a energia positiva.

## Não dê margem para o astral contrário

Todo ser humano tem talento, tem a sua missão, tem a sua beleza, então valorize-se como você tem de se valorizar, coloque-se como você deve se colocar.

Tudo o que você conquistou na vida é porque você se valorizou. Pode reparar que tudo o que você conquistou até hoje foi nos momentos em que você mais se valorizou.

Você é um templo de Deus, então se valorize! Ame-se constantemente, ame-se mais.

O que lhe fizeram para você continuar reclamando?

Você continua guardando pesos do passado?

Liberte-se!

Você vai caminhando e a vida vai se abrindo para você.

E tudo o que conquistou até agora também é passageiro. Não sabemos se o que temos agora neste exato momento teremos amanhã ou daqui a alguns minutos.

Veja em quantos lugares você já passou, quantas pessoas já conheceu, e onde Deus o colocar, você tem de fazer o seu melhor.

Não fique esperando aparecer a melhor oportunidade para fazer o seu melhor; esteja preparado sempre, porque quando surgir essa tal oportunidade, você já estará pronto.

Muitas pessoas fazem diversas coisas, trabalham em locais religiosos, fazem campanhas, rezam, rezam e continuam reclamando que nada na vida delas muda. Mas se ela não mudar por dentro, nada disso adianta.

# Como é que a vida vai para a frente?

Você continua tendo as mesmas posturas, falando mal dos outros, julgando todos, vivendo do passado... Como é que a vida vai para a frente assim?

Qual é a sua vibração?

Você vibra positivamente mesmo?

Você entra no barulho do mundo?

Entra nesse astral contrário?

Você acorda até bem, mas basta uma pessoa fazer ou falar alguma coisa com que você não está de acordo e sua vibração já muda?

Aprenda a rebater energias ruins quando alguém chegar e lhe disser que está com um problema. Ajude-o a enxergar também que aquilo não deve ser um problemão, ajude-o a resolvê-lo sem drama.

Estamos num mundo onde tudo é soma, é um somatório.

Dentro disso tudo, como é que você se projeta?

Esteja mais perto e seja boa companhia!

Seja uma boa companhia para você mesmo; pode reparar que há muitas pessoas que não ficam sozinhas de jeito nenhum, elas têm pavor de ficar sozinhas, entram em casa, ligam a TV, ligam o rádio, a internet, vão para o telefone, perturbam todo mundo, porque não querem ficar com elas mesmas.

Precisamos ter um olhar para dentro de nós mesmos, Jesus foi um mestre espetacular, evoluidíssimo e às vezes precisava ficar com Ele mesmo.

Jesus dormia, Jesus descansava, Jesus se alimentava. Jesus num determinado momento precisou se retirar da bagunça de todo mundo, do barulho todo porque Ele precisava orar, Ele precisava pensar.

Então o que Ele fez? Foi para o deserto ficar com si mesmo, e ali Ele falava com o Pai.

Muitas vezes precisamos ficar com nós mesmos, sozinhos, mas não sozinhos no sentido de solidão, mas no sentido de solitude, porque solitude é o ato de estar só com você mesmo.

Não entre nesse barulho do mundo de pensar que só porque é sábado você tem de sair, tem de ficar atrás das pessoas, perturbar um, perturbar outro. Pare de perturbar os outros!

Você tem de olhar mais para dentro de você. Quando alguém lhe telefonar e perguntar se você está sozinho, diga "Não! Estou comigo!"

# É preciso gostar de si mesmo

Elimine os defeitos e cuide do que é verdadeiramente bom!

Então, você precisa se amar!

Tem de ter um amor inconfundível por si, alimentar-se bem, não beber em excesso, fazer academia... então você se ama! Você precisa ser assim! Cuidar-se, não se envolver com qualquer pessoa – com quem você está se envolvendo?

Você está tão carente que anda se envolvendo com qualquer pessoa? Você tem uma troca de energia violenta com qualquer pessoa?

Ame-se incondicionalmente!

Diga: "Eu preciso me amar! Preciso me sentir bem! Preciso cuidar de mim!"

Quando você vai para uma academia, por exemplo, você está num momento que é só seu; quando está caminhando na esteira, é um momento só seu! Você anda doando muita coisa para os outros e você não doa para você. Então, quando faz exercício físico, você se doa para você.

# Fique mais com você

Afaste-se das pessoas negativas que não estão na torcida da sua vida. Você não é obrigado a viver com elas, muito menos a lhes dar satisfação.

Não permita que posturas negativas o afetem. Lembre-se de que mantê-las por perto é uma opção, não uma obrigação.

Elas não podem puxar o gatilho se você não lhes der uma arma.

Tenha um momento do dia para você ficar sem ninguém por perto...

Há quanto tempo você não faz isso?

Aquele momento em que desliga tudo e fica só com você, não pode ser só aquele momento em que você coloca a cabeça no travesseiro e em dois minutos já está dormindo, não...

Tenha um momento seu com a espiritualidade, e a espiritualidade estará em você em todos os momentos: no restaurante, no trânsito, e não apenas nos templos.

# Respeite o seu tempo!

Ouça mais o seu corpo, conheça-se mais!

Não existe o atrasado ou atrasada; cada um caminha com os seus passos! Porém, procure melhorar-se sempre, não se acomode. Cada um caminha da maneira que tem para caminhar, da maneira que consegue.

# Dê um tempo para as coisas acontecerem

Você quer que todos sejam como você imaginou, do jeito que mentalizou dentro da sua cabeça, você quer que todo mundo seja assim.

E, então, os outros vão por outro caminho e você não aceita, critica e ainda diz que não vai nem olhar mais na cara daquela pessoa.

Só porque ela foi para um lado com o qual você não concorda, porque o outro não é como você imaginou que ele fosse. As pessoas não são como nós imaginamos, porque elas são templos únicos, são Universos únicos! Você gostaria que alguém o perturbasse e o tirasse do seu tempo?

Não se compare a ninguém. Cada ser é único, singular com qualidades e dificuldades que completam a beleza da diversidade.

Então, não podemos ficar nos comparando. Quando nos comparamos, podemos cair na frustração, porque ficamos nos comparando com quem está para cima, ou você pode cair no glorioso, que fica olhando para baixo e se sentindo melhor do que todo mundo. Então, a comparação é péssima, só vai atrapalhá-lo.

# Procure fazer tudo com alegria

Esse sentimento é maravilhoso e abre portas. Colocar alegria é uma das principais características da abundância. Quem faz o que não gosta, quem produz com raiva não valoriza o que faz. Procure colocar um sentimento de alegria mesmo em momentos de dificuldade.

É difícil?

Claro que é, mas irá ajudar muito.

# O lado positivo é Deus habitando em nós

Se você sabe que Deus está em você, não pode mais usar aquela frase: **"As coisas não estão dando certo para mim, porque Deus quis assim!"** Então quer dizer que Deus está se opondo a Ele mesmo?

Se você é natureza, a natureza não se opõe a ela mesma, olhe que simples você pensar nisso...

Então carregue dentro de você um Deus vivo e tenha certeza de que Ele vive em você, o tempo inteiro, e é uma força maravilhosa!

# Por que tanta pressa?

Você está sempre indo ou está vindo. Você raramente para!

É necessário fazer uma pausa em algum momento para que "recarregue" a bateria e consiga pensar. Às vezes, basta uns poucos minutos de quietude, e a solução nasce na sua cabeça. Correndo não dá.

Parar é fundamental para que observe o que está acontecendo na sua vida, para se dar conta do que vai no interior do seu ser e, dessa maneira, ser capaz de tomar decisões mais inteligentes que, diante de um estresse, jamais conseguiria.

Repare nas crianças.

Veja como são verdadeiras em suas ideias e sentimentos. Não fazem nada para agradar. Elas respeitam a própria essência.

Você está negando isso para agradar aos outros, será?

Você se desgasta tanto para se mostrar boazinha/bonzinho com os outros, mas na verdade isso é só uma vaidade, é uma vaidade porque você se nega, se anula.

Está negando a si mesmo, e não há coisa pior do que isso. Você precisa nascer para você. O que é nascer para você?

É parar de viver só para os outros, é parar de olhar só para fora, é parar de agradar a todo mundo e nascer para si.

Você nasce para o mundo, mas não se educa, não aprende a nascer para você. Eu mesmo aprendi tudo errado na minha vida, tive de voltar, tive de aprender a me reeducar.

Nós somos mal-educados, não da maneira grosseira; somos mal-educados no sentido de aprender as coisas certas ou as coisas erradas, mas não da forma correta.

Primeiro porque não educam o nosso olhar para nós mesmos; por exemplo, as crianças são tão sensíveis, tão verdadeiras que, quando elas começam a falar alguma coisa sincera, alguém as censura e diz que elas não podem falar tal coisa.

Com isso, a criança vai perdendo toda aquela parte natural, ou seja, a naturalidade de dizer, de pensar, de se expressar.

Às vezes, a mãe está conversando com a vizinha falando mal de alguém e, de repente, esse alguém chega e a criança "dedura" a mãe, sem malícia, porque ela não vê maldade ainda, não tem essa consciência.

E nós vamos repetindo com os filhos aquilo que fizeram com a gente, e isso vai tirando aquela naturalidade delas.

É claro que esse é um exemplo simples para que você perceba o quanto vamos aprendendo coisas erradas e perdendo a nossa própria naturalidade.

Você pode dizer que antes sua vida era difícil, complicada, alguma coisa dava errado, mas logo ali na frente você patinava, escorregava e conseguia fazer certo.

Agora está dando tudo errado, o que será que você precisa mudar?

> *Será que você não está precisando nascer para você?*

As coisas vão caminhando e de repente mudam, e então você olha e se pergunta se a sua vida vai mudar de novo, pois acha que não vai aguentar e, quando menos espera, a sua vida já está num entusiasmo, e vou repetir mais uma vez: o casamento eterno é com você, o resto todo muda!

Muda namorado, às vezes até marido muda; muda amigo, às vezes você tem um ou dois amigos de muitos anos, só, mas os outros sempre mudam.

Confundimos colega de trabalho com amigo, a sua carência faz você chamar todo mundo de amigo. Preste atenção em quem é seu amigo *de fato*, e quem é seu colega.

Amigo sabe o seu telefone, sabe o seu endereço, já foi à sua casa, conhece pelo menos a sala da sua casa, sabe o nome da sua mãe.

Pode reparar que quando você muda de empresa, aquele que o chamava de amigo nem se lembra mais de você, nem telefona para saber como você está.

Então, se o primeiro casamento é com você, você tem de se aceitar, senão está negando a sua verdade.

> Seu desgaste é muito grande para se mostrar para os outros, e entra nessa vaidade de negar.
>
> Nessa vaidade de ficar se entregando, você diz sim para o outro e não para você.

Quando nos negamos, a gente não se enxerga; se não nos enxergamos, os outros também não nos enxergam. Assim, precisamos nos enxergar para os outros poderem nos ver de verdade.

Um exemplo é quando entra uma pessoa nova na empresa em que você trabalha e logo é promovida, e você, que está lá há dez anos, não foi promovido.

> Você não foi visto porque não se enxergou, não se valorizou, não nasceu para você ainda.

Quando dizem que baiano não nasce, estreia, faça o mesmo!

Faça a sua estreia!

Faça hoje a sua estreia!

Encha o seu pulmão de ar e diga: "Eu nasci! Eu nasci para as minhas coisas! Eu nasci para as minhas verdades!"

Você precisa fazer a sua própria estreia, ninguém fará por você. Quando você se nega, ninguém lhe enxerga.

O mundo quer ver você, mas ver de verdade!

Por isso ninguém gosta de quem é falso, ninguém gosta de quem se esconde. Às vezes é preferível uma pessoa que se assume, que foi pé no chão de se assumir, não importa o que ela é, mas se assume!

Dessa pessoa todo mundo gosta, pode perceber.

Quando você coloca a sua verdade para fora, vê que as pessoas o enxergam, o mundo quer vê-lo de verdade!

A energia que você coloca para fora, o fluxo da vida que você coloca fazem as coisas começarem a acontecer, a tomar rumo, e quando menos espera as coisas começam a dar certo, uma nova oportunidade aparece, porque você deixou fluir, deixou mudar.

Não prenda os outros, não prenda seus amigos, não prenda o seu namorado ou namorada, não prenda o seu emprego.

A vida está seguindo, as pessoas estão mudando, o fluxo da vida está indo, e você fica sofrendo, angustiado, tentando segurar todo mundo e quando você vê... tem um infarto!

Isso quando você vê, porque na maioria das vezes não vê.

Deixe essas coisas irem embora!

> *Tudo na vida tem um ciclo, e cada ciclo se esgota. Que ciclo se esgotou, mas no qual você ainda está insistindo?*

Pode reparar que quando insistimos muito em um ciclo, ele começa a fazer mal, ficamos doentes, com dor, com aquele vulcão por dentro... algo não está certo.

Então, lhe pergunto: Como você se coloca?

Você se nega para o amor? O amor não vem para você? Você se nega para a prosperidade? Ela não vem para você?

Jesus disse em João, capítulo 10, versículo 10: "Eu vim para que tenhais vida e vida em abundância", e não é qualquer vida, não é vida mesquinha, medíocre, é vida em abundância!

# Agarre o que é seu!

Pegue o que é verdadeiramente seu!

Aquilo que é bom!

Você fica se colocando no papel de vítima? Fala para todos que as coisas estão dando errado? Fala para os colegas que está tomando um monte de remédio, que só vive doente e vai sempre se colocando lá para baixo?

Olhe como você se **coloca na vida**: como doente, como perdedor.

A sua vida está naquele fogo bem baixinho agora?

Não se apague como um lampião que está ficando sem gás, ou como uma fogueira que está se apagando. Está na hora de aumentar o botãozinho do lampião, está na hora de colocar mais lenha na sua fogueira, está na hora de você acender aquilo que está toda hora apagando.

E você sabe o que está apagando porque, no fundo, você sabe o que faz de errado.

Pare de colocar a culpa em tudo. Um espírito obsessor diz que está com encosto, ou está com o "inimigo" oculto, diz que algo o está atravancando, que lhe fizeram macumba.

Porém, podem fazer o que for, colocar "olho gordo", ou seja lá o que for, porque se você está emanando luz, uma energia bem bonita, aquela energia ruim que tentar chegar a você voltará *para o outro, e até diferente*, porque encontrou luz!

O ser humano é todo energia, o ser humano é energia sempre. Então, se é assim, você precisa de uma energia positiva. E a pergunta retorna:

Você já nasceu para você?

Como é essa linguagem para você mesmo?

Faça esta pergunta a você mesmo: O que estou fazendo comigo?

Este "comigo" é para dentro; esse astral, essa aura, não importa como quer chamar, tem de ser bonito, tem de ser de luz. Tenho de me colocar em um lugar positivo para as pessoas me enxergarem, porque Deus está em mim, porque essa alma que sou é eterna, e evolui o tempo todo.

# Um convite chegou para você

Abra.

Está escrito:

**"Viva consigo e com o outro sem pressa nem cobranças. Vibre, dance, comemore pequenos momentos e grandes escolhas. Mas este convite é só seu e é intransferível.**

O traje? Já ia me esquecendo.

Abra um sorriso e contagie mais alguém; assim, mais leve estará e pronto para entrar na festa.

A coragem o espera."

# O poder de se relacionar em vinte posturas

1. Somos espíritos eternos e estamos dirigindo as situações. Ouça sempre o seu interior.
2. Por meio dos relacionamentos, a vida faz com que conheçamos a nós mesmos.
3. Não há nada de errado com você. Caminhe e procure melhorar-se, porém, sempre no seu tempo, e não no tempo que os outros gostariam que você estivesse.
4. Acredite mais em você! Toda pessoa precisa em algum momento vivenciar algum controle sobre a sua vida. Só assim poderá sentir-se competente e merecedora da real felicidade.
5. Romance para a vida toda é com você. Namoramos primeiro a nós mesmos, para depois aprender a namorar os outros.

6. A grande maioria das pessoas tem dificuldade para seguir em frente; com os outros as perturbando, então, fica mais difícil. Não permita isso com você, nem faça com ninguém.
7. A vida usa os relacionamentos para trabalhar conosco. Nós nos educamos com o outro e, assim, aprendemos muito sobre nós mesmos.
8. Tudo é temporário, e a vida está fazendo o seu melhor para o seu crescimento.
9. Não fuja das oportunidades de crescer. É você que está crescendo, você não está crescendo os outros.
10. Perceba que quando a vida de repente fica monótona logo haverá novidade. E muitas vezes essa novidade pode ser encrenca que lhe trará crescimento.
11. Sem bajulações exageradas. Seja em amizades, namoro, casamentos, no emprego... Nem chefe gosta de quem fica bajulando. Use o bom senso e o equilíbrio. Dê um tempo necessário aos outros que se relacionam com você.
12. Seja bem bondoso com você. A lei do mundo diz que somos tratados conforme nos tratamos. Fique bem com você. Cuide-se mais. Sinta-se bem com você mesmo.
13. O verdadeiro sentimento começa dentro de você e depois sai para o mundo. Tenha esse encontro com você. As coisas se transformam para melhor

quando você faz da sua vida algo bonito. Esse clima nutritivo é com você. Não se esqueça!

14. Esteja pronto para dizer adeus. Ciclos se encerram. Alguns relacionamentos duram uma vida; outros, alguns meses. Todos são importantes e duram o tempo que precisam durar. Lembre-se que o único relacionamento eterno é com você.

15. Tente confiar mais em você. A qualidade de vida do inseguro é péssima, ele vive sofrendo. Quando as pessoas não o aprovam, você se apavora. Da mesma forma como o corpo se protege dos ataques de agentes nocivos ao organismo, a qualidade do afeto e valor próprio que cada pessoa nutre sobre si mesma é que responderá por sua saúde mental e espiritual. A intenção sempre domina a insegurança. Esse é o segredo: deixe a vida contribuir para o seu propósito.

16. Poder emocional significa confiança, e as pessoas confiantes não necessitam estar o tempo todo no centro das atenções. Elas estão confortáveis e confiantes em sua própria pele, ou seja, sendo quem elas são. Lembre-se de que compartilhar coisas com pessoas queridas é algo bom; o ruim é implorar por atenção de pessoas que não querem estar com você.

17. Para a frente, sempre. O poder de se relacionar está com você, mas, antes disso, não se esqueça de eliminar qualquer vestígio do passado que

considere ruim e pare de se colocar como vítima das circunstâncias.

Reconheça os erros do passado e tente aprender com eles. Porém, o mais importante é deixar o passado para trás e se concentrar em obter algo para se melhorar a cada dia.

18. Pessoas emocionalmente fortes sabem que a felicidade envolve escolhas. Elas entendem e respeitam as coisas de que realmente precisam para serem mais felizes. Como você se sente agora? Para continuar, será preciso fazer escolhas e isso envolve abrir mão de várias coisas e isso com certeza dará trabalho. Ser feliz dá trabalho, mas vale cada esforço, vale cada escolha.

19. Autopiedade é um traço comum entre as pessoas emocionalmente frágeis, aquelas que ainda não reconheceram seu poder. Pessoas com esse perfil têm uma lista de desculpas para justificar suas frustrações. São pessoas que encontram diversas maneiras de se melhorar, mas não o fazem, pois se sentem vítimas da própria história. Se você quer mudar alguma coisa, pare de se prender ao que não tem, às suas fraquezas ou ao que lhe fizeram. Apenas comece. Pequenas vitórias levam a grandes mudanças; pequenas mudanças, a grandes vitórias!

20. Ame. Só lhe peço isso. Sem isso todas as outras posturas perdem a força. O amor, tanto no âmbito espiritual, social, filosófico, psicanalítico,

> enfim, o amor e suas variações é força sem limites, intangível e poderosa ao ponto de fortalecer, revigorar e gerar vida. O amor é semelhante às turbinas de um avião, ou ao motor de um carro ou aos pedais de uma bicicleta. Sem eles não poderiam sair da inércia. O amor nos movimenta, é o impulso da vida. Não se pode ver, mas se pode senti-lo, percebê-lo...

O apóstolo Paulo escreveu aos Coríntios um dos maiores e mais inteligentes registros sobre o **amor**:

"Ainda que eu falasse as línguas dos homens e dos anjos, e não tivesse amor, seria como o metal que soa ou como o sino que tine.

E ainda que tivesse o dom de profecia, e conhecesse todos os mistérios e toda a ciência, e ainda que tivesse toda a fé, de maneira tal que transportasse os montes, e não tivesse amor, nada seria.

E ainda que distribuísse toda a minha fortuna para sustento dos pobres, e ainda que entregasse o meu corpo para ser queimado, e não tivesse amor, nada disso me aproveitaria.

O amor é sofredor, é benigno; o amor não é invejoso; o amor não trata com leviandade, não se ensoberbece. Não se porta com indecência, não busca os seus interesses, não se irrita, não suspeita mal; não folga com a injustiça, mas folga com a verdade; tudo sofre, tudo crê, tudo espera, tudo suporta.

**O amor nunca falha [...]".**

Nunca falha mesmo!

*A tecnociência é maravilhosa* e dispomos de recursos infindáveis que nos cercam; porém, ainda acredito que a maior descoberta deste milênio será **o poder da espiritualidade**.

A viagem interior, a viagem de volta ao nosso eixo central, para dentro de nós mesmos será a maior descoberta do ser humano.

O grande abismo existente hoje é que não houve praticamente nenhum investimento significativo no mundo da subjetividade.

Investiu-se muito na objetividade, no material, no palpável, mas o subjetivo, o Universo da alma, da arte, da ética, da literatura, da consciência criativa, da essência individual e de tantas outras questões ainda não alcançaram patamares importantes para todas as pessoas.

O resultado encontra-se nos noticiários tristes e de cada dia nas telas das televisões mais modernas, nos aparelhos de celular que obedecem ao tom de voz.

De que servirá o mundo inteiro na palma das mãos se essas mãos se esqueceram de como é tocar com carinho o seu semelhante?

Você se perdeu de si mesmo?

Você se esqueceu do Ser, que lhe faz ser?

É na crise que se criam também as oportunidades de crescer, descobrir, evoluir e criar novos caminhos.

Então, ainda acredito nisto: **o ser humano será a maior descoberta deste século**.

Depois que comecei minha real transformação interior, lógico que depois de um grave problema de saúde e de quase encerrar minha vida aqui, mergulhei nos assuntos sobre a essência humana.

Não escrevo simplesmente sobre o que li ou estudei, mas sobre o que efetivamente vivenciei e os resultados que obtive com essa vivência.

Mais do que mudar diversas atitudes e hábitos, procurei estudar melhor esse assunto.

Quando estudamos sobre a espiritualidade, por incrível que pareça, não descobrimos mais sobre o mundo espiritual, mas sim sobre nós mesmos.

Quanto mais buscamos nos entender, mais entendemos sobre nós, e nessa viagem descobrimos o quanto ainda estamos longe de saber nosso real poder de realizar e **ser**.

Para escrever e compartilhar, precisei vivenciar cada uma dessas etapas, cada um desses comportamentos que me ajudaram a chegar até aqui e, em nenhuma delas de forma isolada, porque sou um todo e não uma parte.

A vida é como grande laboratório divino, nos obrigando a aprender, de uma maneira ou de outra, porém, no tempo de cada um.

Indiscutivelmente, cada pessoa no seu tempo.

Quando aprendemos a andar de bicicleta, não começamos numa bicicleta grande. Começamos com uma pequena, ainda com rodinhas laterais e na maioria das vezes com alguém nos segurando, incentivando. Diversas vezes caímos e, passado o medo do impacto, mas ainda com os joelhos machucados, tentamos e tentamos até conseguir.

Não é por causa de um tombo que desistimos de andar. Aliás, quem desiste jamais saberá a delícia que é andar de bicicleta. Dizem que quem aprende a andar de bicicleta, não esquece jamais. É verdade.

O segredo da bicicleta está no movimento. A vida, a alma, seus projetos, tudo precisa estar em movimento como a bicicleta. Parou, caiu. Ninguém fica em pé numa bicicleta parada. Ela foi projetada para o movimento, e isso não é novidade para ninguém. Então, por que é que você, ao primeiro impacto, desiste e não tenta mais uma vez?

Cada um no seu tempo, mas quem insiste, aprende. Cada pessoa no seu tempo, mas é preciso seguir.

Nos últimos anos realizei centenas de palestras sobre o tema espiritualidade e percebi que grandes empresas estão motivadas a introduzir esse tema no cotidiano de seus funcionários.

Os dirigentes das empresas estão preocupados com o movimento interno de seus colaboradores. Isso é bom, porque no tempo que ficamos parados, esquecemos da nossa essência. Chega de viver como vivemos hoje.

Nunca é tarde para iniciar um novo ciclo.

Claro, tudo está em constante transformação e evolução: a tecnologia, a moda, o comportamento, os próprios modelos coorporativos. Tudo!

Algumas empresas já perceberam que as pessoas mais espiritualizadas são aqueles que cuidam dos valores éticos e morais, lidam melhor com a criatividade e a intuição, acreditam mais nelas mesmas, respeitam mais o meio ambiente, têm um olhar diferenciado para a responsabilidade social, têm compaixão com os colegas, lidam melhor com a sensação de justiça, cooperam e, além de tudo, possuem um poder otimista por possuírem fé.

A espiritualidade hoje se insere como uma dimensão estratégica, na medida em que dá mais significado à missão da empresa e ao trabalho das pessoas como um todo.

Cria-se um eixo central de equilíbrio e dessa forma a abundância e a prosperidade passam a ser comuns a todos.

Muitas pessoas reclamam comigo por não terem tempo de "praticar a espiritualidade". O que essas pessoas não percebem é que em **tudo** o que fazemos podemos colocar um pouco de espiritualidade – aliás, tudo é espiritualidade: as plantas, o ar, as pessoas, os animais, tudo... E se as pessoas percebessem mais que elas fazem parte desse todo, se fôssemos mais educados para isso, se não nos sentíssemos tão separados da natureza não existiriam pessoas destruindo os ecossistemas.

# Só para depois da morte?

Não. O espiritual tem sido ainda alvo de grandes descobertas.

**A espiritualidade nos permite encontrar Deus em nosso interior durante a vida.**

Alik Shahadah, nascido em Hanôver – Alemanha – se especializou na cultura africana, escravidão africana e no tráfico de escravos. Escreveu que "religião é uma garrafa com um rótulo, espiritualidade é a coisa dentro dela".

Alguns brigam demais pela garrafa com rótulo, mas poucos estão realmente bebendo o seu conteúdo!

# Espiritualmente inteligentes

Percebe-se que as pessoas espiritualmente inteligentes leem mais, praticam e estimulam o autoconhecimento, convivem com a adversidade e procuram livrar-se de seus preconceitos, sabem ouvir mais, ou seja, são pessoas que passam a olhar para si e para o outro por meio de um contexto mais amplo sem modelos preestabelecidos.

Pessoas espiritualmente inteligentes cuidam de sua energia, alimentam-se melhor e procuram cuidar-se antes de adoecer, além de valorizar e cuidar de sua própria sintonia.

Sintonia?

Sim, sintonia.

# Qual é a sua sintonia, afinal?

Sabe aquele botão que tem no rádio e você vai mexendo de um lado a outro para sintonizar a sua emissora? O botão vai passando por um monte de emissoras e vai procurando, procurando, até você chegar àquela determinada emissora que está procurando, certo?

Você vê as ondas do rádio chegando até você? Consegue ver as ondas chegando até o seu aparelho?

Imagine que você é um rádio e tem um botão que está sintonizando as energias; esse botão está indo para o lado esquerdo sintonizando as energias negativas, está puxando uma energia pessimista, uma energia do melindre, uma energia do ciúme, você vai pegando uma sintonia da fofoca, uma sintonia de algo que não é tão bom para você.

Quando percebe, toda a sua sintonia está numa egrégora muito pesada, com as pessoas falando que nada vai dar certo e você vai sintonizando naquilo...

# Seja uma festa dentro de você

Algumas pessoas moram em casas espetaculares, mas são infelizes, algumas viajam para lugares incríveis, ficam hospedadas em hotéis lindíssimos e mesmo assim não se sentem bem, não estão felizes. Abrem a bolsa de remédios e se automedicam.

Conheço também pessoas que viajam como mochileiros, dormem em lugares simples, mas curtem a viagem. Uma pequena viagem se torna uma festa.

A pessoa está bem por dentro.

Olhe para o quadro da sua vida além da moldura, faça uma autoanálise fora do barulho do mundo, gaste mais tempo fazendo o que lhe dá prazer realmente, e não o que será bonito aos olhos dos outros.

# Sintonize do outro lado do botão

Procure outras sintonias, se já percebeu que essa não é para você.

No outro lado do botão, sintonize o otimista; o entusiasta; aquele que sorri, que vai para a frente, que ajuda as pessoas, que vê a prosperidade, porque essa pessoa tem o olhar de ganhador.

Como eu vejo a vida?

Qual é a minha sintonia?

A sintonia de perdedor ou de ganhador?

A imensa maioria das pessoas deseja realizar mudanças em sua vida. Porém, nem todas possuem o mesmo grau de consciência sobre as mudanças que desejam realizar. Essa maioria gigante mal sabe aonde realmente quer chegar.

Há pessoas que ficam um dia inteiro em sintonia ruim, que ficam um ano inteiro, uma vida inteira nessa sintonia errada.

O seu rádio precisa sintonizar coisas boas, as estações da gentileza, do amor, do otimismo e, então, você vai captando as energias boas.

A metafísica é uma palavra de origem grega, que significa "o que está para além da física". É uma doutrina que busca o conhecimento da essência das coisas.

A metafísica explica que quando estamos numa energia boa, atraímos pessoas boas, coisas boas para a nossa vida; pessoas entusiasmadas, que procuram o melhor para elas mesmas. Se entramos nessa sintonia, vamos trazer pessoas que também estão nessa sintonia, que estão sintonizadas nas mesmas emissoras, na mesma energia, no mesmo astral; então é preciso ter aquele astral que faz bem, que traz coisas boas.

Qual botão você está sintonizando? Está sintonizando lá para trás ou aqui para a frente?

Gosto muito da frase de Chico Xavier que diz que "aquilo que for seu de verdade encontrará uma forma de chegar até você". Acredito demais nisso e me movimento na energia boa.

Você pode ir para qualquer lugar que quiser, se não mudar a sua sintonia não vai adiantar, a sua vida vai continuar do mesmo jeito.

Vejo pessoas frequentando templos religiosos e falando mal dos outros.

Estão dentro de um lugar "sagrado", mas o sagrado não está dentro delas.

# O poder da postura

Decididamente, a postura que tomamos em nossa vida decide como vivemos e como encaramos tudo.

O poder da espiritualidade está nesse canal. Quando eu decido, escolho, me organizo e coloco minhas forças à frente. Alguns chamam de fé; outros, de fluxo, de energia boa.

A postura diante das adversidades forma em você a energia que você é. Para tudo é exigido uma postura.

Qual a sua postura neste momento?

Você está no quase vivo?

Você está naquele momento morno da sua vida?

Na Bíblia há um texto interessante que diz assim: "Deus vomitará os mornos". (Apocalipse 3:16)

Ficar em cima do muro e não tomar decisões na vida é continuar esperando que os outros as tomem por você. Isso é ser morno. Não é quente nem frio. É preciso escolher o foco e segui-lo com sua força para que as coisas aconteçam.

> *Nós estamos num lado da vida que, quem se dá, tudo tem, quem não se dá, nada tem.*

# Acredite que tudo vai dar certo

Mude seus hábitos verbais. Se você é daquelas pessoas que só usam palavras negativas, mude!

É muito comum pessoas "sintonizadas" nas estações erradas insistirem nas mesmas frases que se tornam verdadeiros mantras contrários.

São frases ou palavras do tipo:

– Só morto!

– Prefiro a morte a fazer isso...

– Odeio isso, odeio aquilo...

– Estou ferrado!

– Sou feio.

– Ninguém gosta de mim mesmo...

– Que porcaria é a minha vida!

– Só para mim não dá certo!

– Que miséria!

– Tinha de ser justo agora?

– Só comigo acontece isso!

– Eu sabia que não ia dar certo.

– Sou pobre mesmo...

– Isso não vai dar certo!

Você já se viu em alguma dessas situações?

Quando repetimos por muito tempo esses comandos negativos, acabamos mandando mensagens para o nosso EU e criamos uma "identidade" pela qual podemos ser reconhecidos e naturalmente atingidos por qualquer coisa de ruim. Aliás, se você manda esse tipo de ordem o tempo todo para você mesmo, a impressão que dá é que realmente quer isso. De tanto falar, parece ser importante.

Diversas vezes não sabemos nem de onde vêm essas ideias contrárias que nós mesmos criamos.

E escutamos isso a vida toda, mas não mudamos nossas posturas. Agora você já sabe, já consegue ser uma pessoa espiritualmente inteligente.

Dificilmente aprendemos, quando criança, a colocar todas as nossas energias naquilo em que acreditamos, que deveríamos sempre olhar para a frente para, dessa forma, conseguir nossos objetivos. Não nos disseram isso. Não nos ensinaram isso.

# A plantação toda é por sua conta, a colheita também

Sabedoria é ler os sinais do caminho. Tudo o que vem para a sua vida, você está atraindo. E é atraído pelas imagens que tem dentro da sua mente.

É o que você pensa. Qualquer coisa que esteja pensando, está sendo atraído para você.

> Todo pensamento tem uma frequência. Quando você se imagina dirigindo tal carro, tendo aquele dinheiro que precisa, construindo aquela empresa, você já está emitindo essa frequência de forma consistente.

Esses pensamentos estão mandando um sinal magnético que atrai um sinal semelhante de volta para você.

Visualize-se vivendo confortavelmente. E você atrairá isso.

Aí está um problema: as pessoas costumam pensar no que elas **não** querem.

# Pense naquilo que você realmente quer

A coisa mais íntima que podemos ter é a nossa própria mente.

Do que alimentamos a nossa mente?

Que alimentos coloco em mim, que irão me estimular a mente? O cérebro se estimula e cria novos neurônios.

Mente saudável, corpo saudável. Fazer exercícios, cuidar de si e evitar a demência senil. O que é isso?

Nosso cérebro é fantástico.

Veja como a pessoa com deficiência visual desenvolve outros sentidos: o tato, o olfato... O cérebro recria e desenvolve melhor os outros sentidos. O bonito disso é a mensagem que o corpo nos envia, dizendo "não paro e sempre encontro novas saídas".

Quando estamos em um estado de plenitude, somos educados, tranquilos e bons uns com os outros; quando não estamos, somos grosseiros, rudes, secos e até agressivos, porque falta algo. Falta aqui e lá.

Para você, o que é estar em plenitude?

Buda explicava que "o ser iluminado não sabe que é iluminado. Porque o dia que ele se achar iluminado, deixou de ser".

> *Viver não é matar ou morrer nem tampouco obrigar o outro a ser, é viver com aquilo em que você acredita.*

Perceba imediatamente que, enquanto quisermos dividir o mundo entre o **bem** e o **mal**, não chegaremos a lugar nenhum! Uma vez ouvi isso e achei interessante: já reparou que entre o branco e o preto existem milhares de tonalidades de cinza?

Existe um momento em que os opostos estão unidos. É a panela e a tampa. Ambas são necessárias para cozinhar bem e mais rápido. Temos isso naturalmente dentro de nós, mas, mesmo assim, queremos separar as coisas e colocar etiquetas em tudo.

Você é a sintonia que você tem, se vier algo ruim, devolva com luz.

Observe que se você ficar dentro de uma caverna escura durante muito tempo, quando entrar uma fagulha de luz seus olhos já vão se incomodar. E lembre-se: nenhum incêndio começa grande, todo incêndio começa com uma fagulha; começa com um fio descascado que, de repente, solta uma fagulha, que vai crescendo e virando enormes labaredas e logo o fogo consome tudo e destrói a floresta inteira, se deixar... e tudo começou com uma fagulha!

É essa fagulha que digo para que você comece na sua vida agora, uma fagulha de luz, de amor, de gentileza, de prosperidade...

Troque suas frases negativas por positivas. Mais que isso, mude os pensamentos negativos para algo bom dentro de você.

Um exemplo: em vez de ir para a cozinha dizendo "nunca sei o que vou cozinhar, estou sem ideias", siga para lá pensando "deixe-me ver o que tem aqui, quais opções posso fazer hoje...".

Troque sempre o negativo pelo positivo.

Exemplo?

"Mas e se eu chegar lá e não tiver vaga para estacionar?" Mude para: "Vamos, na hora certa encontraremos uma vaga".

**É claro que a sua vida não vai mudar de um dia para o outro, mas eu o convido só por hoje a sintonizar a sua rádio no lado positivo.**

# Quero compreender a minha violência

Quero entender por que me boicoto, por que me violento, por que não acredito em mim.

Será que foi o outro que me provocou raiva ou isso já está em mim?

Isso já faz parte do meu "kit ser humano". Somos assim e com a **inteligência espiritual** podemos aprender a lidar conosco.

Agir com inteligência, com sensibilidade, e não com raiva ou grosseria.

Não há nada fixo nem permanente na vida. Portanto, nada, absolutamente nada, é para sempre.

A raiva não é para sempre.

A tristeza não é para sempre.

A riqueza e a pobreza não são para sempre.

A morte não é para sempre.

A vida não é para sempre.

Outro dia, uma moça ainda muito jovem me procurou dizendo que havia se separado do marido depois de alguns anos de casados, que enquanto eles eram casados ele não fazia nada para ela e a proibia de quase tudo. Ela não aguentou a situação e se separou, mas o ex-marido casou-se novamente. E ela me contava:

"Depois de pouco tempo ele se casou novamente. Agora, reformou a casa toda, trocou os móveis, mas eu não ligo, ele deixou a nova namorada dirigir, mas eu não ligo..."

Então respondi a ela: Liga sim – e muito.

E qual o problema de ligar? Somos humanos.

Esse é um exemplo de como ligamos para as coisas e não assumimos esse ligar, ou seja, não nos permitimos nos entender.

Estudamos a nossa consciência para isso. É preciso se entender sim, não é errado assumir e trabalhar o que você tem dentro de você. Vergonhoso, sim, é não se conhecer e não procurar se melhorar; é não pôr para fora.

Assumindo os desejos, os sentimentos, percorrendo a grande parte do caminho da mudança, isso que é se conhecer e reconhecer.

Em contrapartida, só pensamos negatividade. A gente começa sempre a criar tragédia, porque o nosso cérebro trabalha muito pela tragédia, ele segue muita tragédia o tempo todo, então o nosso campo da fantasia foi feito para sonhar, para vivermos melhor, para sonhar coisas boas! Não foi feito para criar problemas, porque hoje estamos acostumados a criar problemas em nossa cabeça e começamos a criar problemas também para quem está à nossa volta.

Certa vez uma pessoa que mora fora do Brasil me disse que tinha muita vontade de voltar a morar aqui, mesmo considerando que lá onde ela morava era um país rico e o Brasil ela considerava um país pobre, mas não o fazia por medo de prejudicar o marido e os filhos.

Essa questão de rico ou pobre, às vezes, é muito relativa, pois o que é rico para você não é para o outro e vice-versa. O Brasil, por exemplo, hoje com todas as dificuldades, ainda é um país com muitas oportunidades de crescimento.

Essa ideia de que somos um país de terceiro mundo está muito enraizada em nossa cabeça.

É claro que muitos países lá fora têm uma educação exemplar, com menos violência, têm um sistema de saúde pública muito bom, mas você também tem de ter em mente que toda escolha que faz implica abrir mão de alguma coisa, independentemente da escolha que fizer.

Não temos de seguir com a mudança na vida levando tudo o que temos hoje. Quando você muda de casa, você não joga um monte de coisas que não vai usar mais? Simples assim. Você está mudando de casa, de novos horizontes.

> Precisamos ter coragem em nossa vida para pisarmos em terra fértil e fazer brotar. Para dar vida ao broto, a semente se transforma.
>
> Ela deixa de ser semente para ser planta, árvore, fruto...
>
> Da mesma forma que a semente morre para brotar, precisamos ter coragem para renascer. O mais gostoso da vida é saber que podemos fazer isso quantas vezes forem necessárias.

Agora perceba o que o está incomodando, o que precisa ser transformado.

Porque se onde você está não está mais lhe dando prazer, é porque alguma coisa precisa mudar, alguma coisa não está bem, e você acaba não fazendo nada porque está se preocupando com os que o cercam.

A dica é: converse com eles, diga-lhes de suas possibilidades, as possibilidades que terão de se mudar e, juntos, façam uma boa escolha, porque você não está só escrevendo a sua vida, está escrevendo a vida de outras pessoas, e quando essa escolha é feita em conjunto não haverá discussões posteriores, caso alguém não esteja satisfeito com aquela escolha.

Quem foi para a guerra com certeza sentiu medo. Você acha que aquelas pessoas não tinham medo de morrer?

Quem perdeu ou quem ganhou, com certeza enfrentou a guerra.

# Quem eu era antes já não sou mais

Antes de começar a escrever este livro eu era um e agora já sou outro. Possivelmente, você que está lendo estas palavras, também já seja outra pessoa. Não porque você leu o que escrevi, nada disso, é porque você se permitiu se transformar. Você se transforma numa conversa, num bate papo-rápido, numa sala de cinema, assistindo a uma peça de teatro, a uma aula...

O bom disso é que agora somos a melhor versão de nós mesmos e amanhã seremos melhor ainda.

Já não sou mais o mesmo porque as coisas me mudaram, as palavras que vieram me fizeram pensar, minha vibração está diferente e tudo o mais está me permitindo mudar, mas eu só mudo quando quero mudar.

Isso precisa estar claro para mim, e eu quero estar melhor.

"Levante-se e ande!"

Conhece essa frase?

Essa frase é uma das frases mais conhecidas da história e nunca esteve tão atual.

Você pode fazer uso dela agora. Você pode dar uma ordem para a sua vida. Sim, quem percebe o PODER dentro de si envia uma ordem para a sua vida sempre que adota uma postura positiva, um pensamento certeiro e trabalha para atingir a sua meta.

Pare de se fazer de vítima, de se achar um coitadinho.

Dê aquela ordem para a sua vida, porque você fica sempre estagnado, sempre parado, sempre reclamando do que tem e do que não tem.

Não tenha dó de você, não, isso não fará os outros gostarem mais de você.

Você fica entrando no barulho dos outros e não escuta a si mesmo. Quando vê que a sua vida está ficando para trás, todo mundo indo para a frente e você ficando para trás, não avança, é porque está deixando o barulho contaminá-lo.

Pare de se colocar na posição de vítima.

Você faz tanta prece para Deus ajudá-lo, mas será que no fundo você não gosta dessa posição de vítima?

Você tem de ser a ordem para sua vida, não fique esperando alguém falar para você se levantar e andar, você precisa ser essa ordem.

Todo mundo tem como encontrar a saída, todos temos.

Analise se o medo não é uma fuga em sua vida. Algumas pessoas fogem de seus conflitos.

A posição de vítima também é uma fuga, você está em um momento da vida que está cômodo, não está?

Você tem medo de errar, porque quer ser perfeito para os outros, tem medo do que os outros vão falar para você e lá no fundo não direciona a sua essência para o que realmente quer e precisa.

Pare de ficar com medo, e de ficar agradando às pessoas que estão fora da sua vida; você precisa agradar a si mesmo. Se você não se dirige é porque está sendo dirigido pelos outros.

A vida da gente é como um carro, quem está no comando é você, se não virar a chave, o carro não liga, se não colocar gasolina, ele não sai do lugar.

Quem está no comando?

Agora você está fazendo da sua vida como um passageiro de um táxi? Isto é, você senta no banco de trás e o motorista é quem dirige para você; são os outros que andam por você.

**Dirija o seu carro!**

Gire a chave da ignição, saia do marasmo! Saia da mesmice!

Você já foi mais seguro de si! O que aconteceu no meio caminho?

Você era tão seguro de si e de repente aconteceu alguma coisa que o está segurando. Agora está no conflito do medo com você mesmo, está com medo de ser você. Isso é insegurança que precisa ser tratada!

In-segurança, a **não segurança**, o que é essa não segurança que você está carregando?

Você sabe qual é o conflito que precisa trabalhar, você percebe o que é?

Então, comece a trabalhar esse conflito, mas veja que a mudança não se dá da noite para o dia. A vida muda com o tempo, mas é preciso dar o primeiro passo.

Uma longa caminhada começa com você colocando a meia, calçando o tênis, dando o primeiro passo. Se você não se prepara e não sai para dar a primeira caminhada, ficará estagnado, você não sai do mesmo lugar.

Faça um movimento, reveja os seus conflitos, reveja a sua história.

Deixe dessa carência, essa necessidade de querer agradar a todo mundo, de querer ser o perfeitinho para os outros e trair você mesmo.

Por que você se preocupa tanto em agradar aos outros e acaba traindo a si próprio?

Ninguém poderá fazer nada por você se você não se transformar, se não quiser movimento.

Está preparado para as mudanças que virão por aí?

Você é luz, você é poder, você é sensibilidade, é amor, você também é Deus!

Onde você vê Deus?

Você O vê sentado no trono lá longe de você?

Por que imaginamos Deus tão longe de nós?

Se fazemos nossas preces, nossas orações todos os dias a Ele, por que O vemos tão longe de nós?

Se você perguntar para uma criança onde está Deus, ela aponta para cima? Assim como se perguntar onde está o inferno ela aponta para baixo também? Olha quantos paradigmas temos! Somos criados assim e vamos criando as pessoas assim...

Então reflita um pouco sobre a forma que devemos questionar para melhorar dentro de nós, quando perguntamos por que nos colocamos no papel de vítima, e ao perguntarmos para quê nos colocamos no papel de aluno, e quem é Deus para mim?

Mas o que significam esses paradigmas que aprendemos a vida toda?

É um modelo de conduta sem saber por quê. Repare que os alunos, quando chegam à escola, sentam-se em um determinado lugar e depois não mudam mais. Parece uma lei universal que no primeiro dia de aula eles chegam, já sentam lá e ali ficam até acabar o ano. Pare para imaginar: quem inventou essa lei?

Ninguém, mas estamos acostumado com isso e respeitamos, então se sempre sentamos nos mesmos lugares, vamos sempre estar rodeados das mesmas pessoas. Para o nosso cérebro, isso é ótimo, porque não precisamos ter trabalho. Ali naquele lugar já está ótimo, já tem com quem conversar, com quem fazer os trabalhos etc.

Quando o professor muda você de lugar, coloca-o em outro grupo, você tem de se movimentar para seduzir o novo grupo, não a sedução sexual, mas seduzir de conquistar. Estamos sempre seduzindo as pessoas no trabalho, no transporte, na família.

Por que muitas pessoas dizem que quando namoravam era melhor do que depois que se casaram? Porque naquele momento a pessoa mostra o melhor dela, sua melhor face, e nós somos assim o tempo todo.

É por isso que muita gente diz que às vezes o pai é tão legal fora de casa, mas dentro de casa não é. Isso acontece porque do lado de fora ele ainda não conquistou ninguém; dentro de casa já está garantido e não precisa usar aquela maquiagem ou máscara.

Os paradigmas têm muitas coisas para nos ensinar. Por exemplo, na sua casa, você guarda o prato mais bonito, o copo mais bonito, a xícara mais bonita para serem usados apenas quando você recebe visitas. Mas, no dia a dia, você usa o copo de requeijão, o pratinho mais feinho, as louças mais simples... O que é isso senão um paradigma?

A sua avó fazia, a sua mãe fazia, você faz e ainda está ensinando os seus filhos a fazerem o mesmo. Por que fazemos as coisas sem pensar?

Por que estamos fazendo de acordo com o barulho do mundo?

O que é o barulho do mundo? É você fazer o que todo mundo está fazendo: tem feriado, vai todo mundo para a praia! Maravilha!

Você pega sete horas de trânsito para chegar à praia, onde está aquela multidão de gente, aquela bagunça, porque foi todo mundo para a praia. E, na volta, pega mais sete horas de trânsito... o que é isso?

É entrar no barulho do mundo, fazer o que todos estão fazendo.

E se você não quiser ir à praia, o que é que tem? Qual o problema de gostar de ficar com você mesmo, de assistir a um filme, de ler um bom livro?

Se você quiser sair numa segunda-feira, o outro pode achar estranho e se perguntar por que você resolveu sair para passear numa segunda-feira à noite, por exemplo.

Já encontrou pessoas lhe perguntando por que você está saindo na segunda?

O tempo todo tem gente falando e agindo assim e você está entrando nesse barulho do mundo?

Se você se embala nesse barulho, não adianta depois dizer que nada está dando certo para você.

# Do que você precisa para recomeçar agora?

Novamente lhe pergunto.

O que é que não está bom e você precisa deixar para trás?

Renasça para o novo!

Mas tenha em mente que o novo vai dar trabalho, o novo vai quebrar paradigmas. Para ter o novo, você tem de deixar de lado o barulho do mundo.

Outro paradigma interessante que ouvi uma vez, foi a história de uma senhora que costumava cozinhar um peixe. Ela sempre tirava o rabo e a cabeça do peixe. O marido um dia perguntou por que ela tirava o rabo e a cabeça do peixe para assar e ela não sabia o porquê. Dizia apenas que era porque a vida inteira a mãe dela fazia assim. Um dia, quando foram almoçar na casa da mãe dela, fizeram a mesma pergunta e a mãe respondeu que também não sabia e que a mãe dela fazia sempre assim e aprendeu com ela. Então foram perguntar à avó qual era o segredo da receita do peixe sem cabeça e sem o rabo, e a avó respondeu que na época em que ela começou a cozinhar, o fogão dela era pequeno e, por isso, ela tinha de cortar a cabeça e o rabo do peixe para ele caber no forno.

Por que estou dando esse exemplo?

Para você perceber que de repente hoje está fazendo coisas que traz desde o passado só porque seus pais assim faziam, e continua fazendo sem pensar, não pensa no que precisa mudar, não pensa no que precisa transformar... Então comece a fazer perguntas e a analisar os seus comportamentos.

Veja que nenhuma noite impediu o nascer do Sol. O mesmo Deus que fez a beleza das flores, dos pássaros, do Sol, não pode ser o mesmo Deus que castiga, que isola.

Tudo o que estamos passando são reações de algumas ações que escolhemos. Em sânscrito, a palavra carma significa ação; muitas pessoas pensam que significa castigo, mas é **ação** repetida.

Então, dentro do seu livre-arbítrio, você pode mudar até o seu carma, porque podemos reconstruir tantas coisas, e o projeto educacional de vida deve ser aquele em que eu mais aprendo, mais evoluo e me transformo.

# Lição de casa

Pegue uma foto sua bem antiga, olhe bem para a foto e pergunte:

Esse que está na foto sou eu ou já não sou mais eu?

A morte está dentro ou fora de mim?

Se responder à primeira, possivelmente encontrará a resposta para a segunda.

# A felicidade tem relação com as perdas

A felicidade que a gente tanto almeja, tanto espera, também está relacionada com perdas, tudo o que você escolhe, tudo o que faz, você está perdendo também.

Isso assusta um pouco, mas não é ruim. Na perda também está a renovação, está a chegada da novidade.

Na crônica "Felizes para sempre" (do livro *Montanha-russa*), Martha Medeiros escreveu que:

"Ninguém sabe direito o que é felicidade, mas, definitivamente, não é acomodação. Acomodar-se é o mesmo que fazer uma longa viagem no piloto automático Muito seguro, mas que aborrecimento!

É preciso um pouquinho de turbulência para a gente acordar e sentir alguma coisa, nem que seja medo."

# Não adianta você querer tudo e não abrir mão das coisas

De certa forma, precisamos aprender a perder, a deixar para trás, a libertar as pessoas, a nos livrar de coisas.

A felicidade permanece onde há a leveza. Sem esse espaço, a felicidade não consegue existir.

Imagine seus armários lotados, entupidos de coisas antigas e sem uso. Por que você acha que limpando e tirando só o excesso está perdendo? Não, não está. Está ganhando quando abre o espaço para o novo. Mesmo que esse novo demore um pouco a chegar. Ele precisa de espaço para existir.

Sempre cito a natureza, porque ela ensina muito para nós. Em um ninho de passarinho, a mãe cuida dos filhotes enquanto eles não conseguem comer sozinhos nem voar, mas a natureza vai fluindo e os passarinhos vão se alimentando e crescendo, e sua penugem vai se transformando em penas que vão cobrir suas asas para poder voar.

Chega então a hora que alguns começam a voar naturalmente, mas sempre tem aquele medroso, que fica no ninho com medo de seguir, com medo de voar, com medo da vida... pode esquecer, porque a mãe o joga para fora do ninho, empurra-o mesmo para o mundo, e durante a queda, se não aprender a voar, ele se esborracha no chão.

O que quer uma mãe?

Creio que a resposta mais fácil seja: ver o filho feliz.

Feliz é um filho realizado, um filho completo, um filho cheio de sonhos e vitórias.

O amor de mãe é o que mais se aproxima do amor de Deus. Ele é sublime e completo.

Diversas vezes ela sofre porque vê o filho sofrendo, mas mesmo assim segue com a sua tarefa de ensinar.

Mãe é amor, amor é Deus, Deus é vida e a vida é a mãe que nos ensina.

Você pode reparar que a vida está empurrando você para a frente... de uma forma ou de outra, mas está empurrando-o.

Mesmo que você queira ficar estagnado, no conforto e na segurança em que está, a vida vai levá-lo adiante nem que seja preciso empurrá-lo para fora do ninho.

E se você não quiser mudar, a vida vai mudar você!

É nesse momento que você aprende a voar.

E o emprego que você perde, e o relacionamento que você planejou ser eterno e que de repente termina, uma doença que chega silenciosa e muda diversas vezes a nossa rota?

Tudo o que é novidade é desconfortável por natureza?

O novo ainda é um desafio para você.

O que a vida está lhe ensinando **agora**?

Não depois, *agora*.

Na janela do hospital, enquanto eu me recuperava, pensei diversas vezes: "O que a vida está me dizendo?"

Aliás, o que de verdade fiz para chegar aqui e o mais importante: **O que eu preciso mudar para seguir melhor o meu caminho?**

A vida é uma grande aula, mas eu não conseguia enxergar tudo isso.

O que a vida me trouxe foi exatamente a queda do ninho, a mesmice, a autoviolência, o excesso de trabalho, a falta de amor-próprio, não acreditar de verdade em mim, a não adoção de uma postura correta. Eu achava que fazia o que amava de verdade, mas ainda faltava algo, faltava encontrar a chave certa. Falarei dela mais adiante.

Eram tantas lições, que só no momento em que a vida me tirou tudo é que pude enxergar.

Diversas vezes acreditamos estar no mais alto da montanha de nossa vida, mas ainda nem passamos do começo, ainda estamos no início da subida. Para algumas pessoas, o início já é o bastante, não importa; para outras, é preciso subir mais. O caminho é difícil, espinhoso, mas a vista é sublime.

O contato com a espiritualidade me fez perceber que tudo é espiritualidade.

Antes eu separava o espiritual da minha vida.

Hoje sinto e percebo que sou um **ser espiritual** nesta jornada humana e que estar aqui faz parte de meu ser em aprendizado e tudo o que acontece decorre do que faço.

# A perda não pode tirar a possibilidade do seu futuro!

Ela tem de fazer com que a gente avance sempre; perder está dentro da natureza humana.

Observe a quantidade de coisas que ao longo do tempo vamos perdendo e a grandeza das coisas que nos chegam.

Aprenda a perder para ganhar!

Aprenda a deixar fluir, porque o fluxo da vida é você, como já escrevi algumas vezes.

Pare de guardar coisas para você e abra espaço para o novo! **Renove-se!**

Abra-se para o seu novo emprego, para o novo relacionamento, para a nova vida. Perder faz parte de ganhar!

Você precisa criar a possibilidade de ter um futuro melhor!

Para crescer, de novo, é preciso sair do ninho. Só que o voo da vitória depende de você muito mais do que o Universo inteiro.

# Um trabalho de colaboração comigo

Isso não é para a sobrevivência do mundo, estou falando da minha sobrevivência, porque preciso sobreviver. Os que continuam são aqueles que se adaptam.

Nossa realidade hoje é coletiva, tudo está no coletivo, difícil até entrar no elevador sozinho.

O segredo é simples: é preciso estar EM SI para conseguir viver com os outros.

Reconheça esse Ser Sagrado que habita em você.

Quando ouvi a palavra "namastê" pela primeira vez, fiquei curioso e quis saber o seu significado. A palavra "namastê" significa "o ser sagrado em mim reconhece o ser sagrado em você; o Deus que habita em mim saúda o Deus que há em você; o Deus que há em mim saúda o Deus que há em você. O Espírito que há em mim reconhece o mesmo Espírito em você".

Que bonito isso!

Reconhecer-se como um ser sagrado, vencedor, ganhador das possibilidades e livre para escolher, faz com que a espiritualidade existente em nós seja grande, como naturalmente é.

# "Quem chega a você é Jesus"

São Bento dizia isto: "Quem chega a você é Jesus"!

Também acredito nisso.

Acredito que o nosso ser espiritual, a nossa essência, busca no outro esse reconhecimento, e Jesus busca a todos nós no amor. Nesse verdadeiro religamento pelo amor.

Por isso o amor por si próprio, o amor pelo outro, pois dessa forma nos religamos. Isso é religião. Religar é religião.

Quando nos religamos um ao outro fazemos uma união. Uma reunião é isso, um grupo de pessoas juntas religadas. Então, que possamos ser uma re-união o tempo todo.

Jesus nos disse que onde duas ou mais pessoas estiverem reunidas em seu nome, lá Ele estaria, porque é na união que nascem os mais belos momentos de evolução.

É no compartilhamento do saber que aprendemos mais.

Quando nos reconhecemos e emanamos o amor, transformamo-nos em discípulos de Jesus. **E todos nós somos discípulos.**

*É fácil encontrar numerosas dicas* na internet de como atingir o sucesso. O que poucas pessoas realmente reconhecem é que só existe uma forma de atingir o verdadeiro sucesso: **é encontrando o segredo interior**.

O que é isso?

Talento, dom, dádiva, facilidade, prêmio?

Imagine um concurso para ganhar um carro em que dez pessoas recebem uma chave, mas só uma irá conseguir ligar o carro. Apenas uma delas possui a chave correta que faz ligar o motor e assim tudo funcionar corretamente. Uma só chave faz girar a engrenagem que dá força ao motor, energia e movimento.

Várias pessoas tentam e não conseguem, quando o carro finalmente liga, as outras que ainda não tiverem tentado já nem insistirão mais, pois sabem que a **chave certa** já ligou o carro.

# A chave certa

Só ela pode ligar o carro. Só a chave certa funciona. Por que estou dizendo isso?

Para que você pense um pouco se está usando a chave certa em sua vida, em seus relacionamentos, em seus projetos...

O problema é que a maioria das pessoas passa pela vida sem descobrir a chave certa.

Demorei trinta anos da minha vida para descobrir a minha chave certa. Pode parecer muito, mas não é.

> Diversas pessoas que conheço não descobriram ainda, mesmo estando com 60 ou 70 anos. O importante não é a idade nem quando. O importante é descobrir a chave certa.

Conta uma história que numa cidade do interior existia um concurso de rosas. Um concurso que todo ano elegia a rosa mais bonita. Dezenas de pessoas se inscreviam, mas sempre um coronel aposentado ganhava o concurso. As rosas dele eram lindas, enormes, com cores bem vivas.

Todos os anos as pessoas ficavam curiosas tentando saber qual era o segredo do coronel.

Mesmo assim, plantavam suas rosas e inscreviam-se para concorrer ao concurso. Tempo perdido, o coronel sempre ganhava.

Certo ano, as pessoas já acostumadas a perder o concurso para ele, resolveram segui-lo até a sua fazenda para descobrir seus segredos. Afinal, as suas rosas eram lindas mesmo. Algum segredo deveria existir.

Chegando lá descobriam que não era o coronel que cuidava de suas roseiras, que a sua plantação era cuidada por um velho jardineiro, um senhor que ainda com muita dificuldade se dedicava às rosas plantadas ao longo daquela fazenda.

O coronel entrou correndo na sede da fazenda com seu troféu e mal percebeu que as pessoas correram até o seu jardineiro para tentar descobrir seus segredos.

O jardineiro, meio assustado, contou às pessoas que ele sempre escolhia o botão mais forte e cortava todos os outros. Dessa forma, a roseira conseguia destinar toda a sua seiva, toda a sua força a uma única rosa e, assim, produzia a rosa mais bonita, mais forte e maior que todas as outras.

"Enquanto alguns jardineiros cultivam várias rosas e depois escolhem a mais bonita, eu escolho a melhor antes mesmo de ela se desenvolver!", disse o jardineiro àquelas pessoas.

Se você tiver coragem de ficar um pouco mais com você mesmo, aprender a se valorizar como verdadeiro vencedor, acreditar mais em si e em Deus e colocar foco em seus projetos, a abundância e a prosperidade lhe chegarão – e das mais variadas maneiras.

Usando a chave certa, a vida flui. Dedicando-se à sua rosa, as coisas acontecem. Seus relacionamentos, seus projetos, seus sonhos completarão a sua essência.

Enquanto você fizer o que não gosta, não se amar de verdade, esperar o momento certo para fazer as coisas, não se dedicar de verdade para alcançar suas metas... nada acontece, tudo se repete, a chave não vira, não liga, nada funciona... sua roseira fica com várias rosas, mas nenhuma verdadeiramente o faz feliz e completo.

O mundo só está sendo mundo. Pare de pôr a culpa pelos seus fracassos no mundo externo.

Não importa o que façam ou digam a você. O importante é o que você diz ou faz a você o tempo todo. Isso é a sua vida.

Cuidar do seu ser é sempre mais. Nunca é menos.

Você pode até cair dez vezes, mas se levantar sempre é o que importa e isso é sempre mais!

Isso nunca é menos, é mais.

Remodelar a própria vida, deixar o passado no passado, abrir mão de certas coisas e escolher onde destinar o seu **poder** isso não é menos. É sempre mais.

O velho já foi vivido, já é um aprendizado que está em você. Portanto, o novo que chegar, será algo a mais.

> *Descobrir o seu segredo interior é algo que só você pode fazer. Cortar as rosas desnecessárias e focar nos seus sonhos é descobrir seu segredo interior.*

Seu coração saberá quando estiver no caminho certo.

Sua consciência saberá quando estiver no caminho certo.

Você sentirá isso.

Verá as coisas fluindo em seu favor. Não porque você está com sorte, mas porque está usando a chave certa, porque escolheu onde colocar a sua energia.

Ser sempre mais é nunca desistir, é ter **coragem**, é tentar de novo. Cada vez que tentamos nunca é menos, é mais.

O poder da espiritualidade está nisso!

Henry Ford disse uma frase interessante: "Se você pensa que pode ou se pensa que não pode, de qualquer forma você está certo".

Faz algum sentido a você?

Se realmente acha que pode algo, se o seu coração deseja algo, **lembre-se do que conversamos no início, coração é sempre alma, poder, espírito, chame como quiser sua força interior** – com certeza você irá tentar.

Pode demorar, mas você buscará recursos necessários para atingir a sua meta. Se tentar, deve conseguir, se conseguir é porque encontrou o seu segredo interior, e todo o restante, tudo o que conversamos aqui fará sentido.

Quando se faz uma viagem, na qual vamos dirigindo, normalmente não enxergamos o caminho todo; aliás, conseguimos ver uns duzentos metros à frente, mas, de etapa em etapa, o trajeto vai sendo feito, o caminho vai se abrindo e chegamos ao destino.

O escuro, a falta de visão não é um empecilho.

> *Não ver o caminho todo não é empecilho. O mais importante de verdade é saber o caminho, ou melhor, a direção certa a seguir.*

Encontrar a chave é isso: é dedicar-se à rosa certa, é saber o caminho certo a seguir, iluminando-se e encontrando a maior riqueza dentro de nós mesmos.

Gosto muito da definição que Buda dá para a iluminação: "É o fim do sofrimento".

Agora, você pensando que não pode, encontrará todo tipo de desculpa, todo tipo de empecilho pela frente, mas quando abrir o seu coração para o verdadeiro **poder** de **ser** saberá quem é de verdade, com todas as riquezas e conquistas que poderá ter. Nesse momento saberá que estará mais iluminado, ou seja, sem sofrimento.

Termino parafraseando as sábias palavras de São Bento, pois quem chega até nós a todo o momento é Jesus, esse homem que chegou aqui, neste plano onde você e eu estamos, com uma missão definida.

Não abandonou seus objetivos nem deu ouvidos àqueles que eram contra sua caminhada. Acreditou no seu poder, na sua postura, não teve medo de se relacionar com as pessoas, usou a chave certa e venceu. Dedicou-se exatamente àquilo para que veio e cultivou dentro das pessoas os mais belos jardins.

Mostrou-nos o quanto a vida baseada na fé, na esperança, na perseverança, no respeito e no amor vale a pena ser vivida de verdade.

Encontre um pouco de Jesus em **você** e no **outro** e seja **feliz**, transformando a sua vida em um palco de grandes vitórias e vivendo **O PODER DA ESPIRITUALIDADE**.

*William Sanches*

---

Ao terminar a leitura deste livro, talvez você tenha ficado com algumas dúvidas e perguntas a fazer, o que é um bom sinal. Sinal de que está em busca de explicações para a vida. Todas as respostas que você precisa estão nas Obras Básicas de Allan Kardec.

---

Se você gostou deste livro, o que acha de fazer com que outras pessoas venham a conhecê-lo também? Poderia comentá-lo com aquelas do seu relacionamento, dar de presente a alguém que talvez esteja precisando ou até mesmo emprestar àquele que não tem condições de comprá-lo. O importante é a divulgação da boa leitura, principalmente a da literatura espírita. Entre nessa corrente!